영어총알정복 시리즈

영단어 무한 지배자

영어총알정복 시리즈

영단어 무한 지배자 │중등편│

초판 1쇄 인쇄 2016년 7월 1일
초판 3쇄 발행 2022년 1월 28일

지은이 Jeremy Rhee
펴낸이 김선식

경영총괄 김은영
콘텐츠사업5팀장 박현미 **콘텐츠사업5팀** 차혜린, 마가림, 김민정, 이영진
마케팅본부장 권장규 **마케팅2팀** 이고은, 김지우
미디어홍보본부장 정명찬 **홍보팀** 안지혜, 김민정, 이소영, 김은지, 박재연, 오수미
뉴미디어팀 허지호, 박지수, 임유나, 송희진, 홍수경
저작권팀 한승빈, 김재원 **편집관리팀** 조세현, 백설희
경영관리본부 하미선, 박상민, 김소영, 안혜선, 윤이경, 이소희, 이우철, 김재경, 최완규, 이지우, 김혜진, 오지영
외부스태프 교정교열 이은영 **표지디자인** 유진민 **본문디자인** 손혜정

펴낸곳 다산북스 **출판등록** 2005년 12월 23일 제313-2005-00277호
주소 경기도 파주시 회동길 490 다산북스 파주사옥
전화 02-704-1724 **팩스** 02-703-2219 **이메일** dasanbooks@dasanbooks.com
홈페이지 www.dasan.group **블로그** blog.naver.com/dasan_books
종이 한솔피엔에스 **인쇄** 민언프린텍 **후가공** 평창 P&G **제본** 에스엘바이텍

© 2016, Jeremy Rhee

ISBN 979-11-306-0876-1 (53740)

다산북스(DASANBOOKS)는 독자 여러분의 책에 관한 아이디어와 원고 투고를 기쁜 마음으로 기다리고 있습니다.
책 출간을 원하는 아이디어가 있으신 분은 다산북스 홈페이지 '투고원고'란으로 간단한 개요와 취지, 연락처 등을
보내주세요. 머뭇거리지 말고 문을 두드리세요.

영어총알정복 시리즈

영단어
무한
지배자

Jeremy Rhee

중등편

BEYOND
A·L·L

허접한 영단어장은 지구를 떠나라!

– 기존 영단어 암기 방식, 그 한계와 문제점 –

아직도 기출 빈도순이나 알파벳순으로 영단어를 외우세요?

영단어 암기 방식 중 가장 비효율적인 암기 방식이 대책 없이 알파벳순으로 암기하는 방식일 것입니다. 그런데도 이런 암기법이 아직도 이용되고 있다니 안타까울 따름입니다.

이런 암기법을 주장하는 사람들은 대개 '수능 기출 빈도순으로 영단어를 편집했다'는 둥, '내신에 꼭 등장하는 영단어만 모았다'는 둥 수험생들을 현혹시킬 만한 그럴싸한 미사여구를 동원합니다. 하지만 이건 다 허황된 소리에 불과합니다.

왜냐하면…
수많은 영단어 가운데에 중학생이 꼭 알아야 하는 필수 영단어는 1,500개 전후이며, 시중의 어떤 영단어장을 보아도 필수 영단어 개수는 거의 비슷합니다. 즉, 중학생이 꼭 암기해야 하는 영단어는 이미 정해져 있습니다.

이 필수 영단어 리스트에 포함된 영단어는 중학생이라면 하나도 빠짐없이 암기하여야 하는 '최우선순위 영단어'이기에, 뭘 먼저 외우고 뭘 나중에 외우고 할 하등의 이유가 없으며 가장 효과적인 방법을 찾아 빠른 시간 안에 모두 섭렵하는 것이 최선입니다.

그럼에도 불구하고 '어차피 모두 암기해야만 하는 필수 1,500 영단어'를 외우기 가장 미련한 방법인 알파벳순이나 기출 빈도순으로 암기해야만 할까요?

2 어원만 알면 중학 영단어가 100% 정복될까요?

그리스어, 라틴어 어원을 통해 영단어를 보다 쉽게 암기할 수 있는 것은 엄연한 사실이며, 이런 장점 때문에 어원을 이용한 영단어 암기법이 꾸준하게 인기를 끌고 있습니다. 그런데 중학 필수 영단어 가운데에는 receive, deceive처럼 어원에 기초한 영단어도 있지만, land, soldier처럼 어원과 무관한 영단어도 엄청나게 많이 있습니다. 따라서 어원에 기초한 영단어 암기법만으로 중학 필수 어휘를 커버하는 것은 근본적으로 불가능합니다.

3 해괴망측한 연상법이 영단어 암기에 정말 효과가 있을까요?

grief(슬픔)를 외우기 위해 '아~ 그리워라 푸른 바다여~' 라고 고향 바다를 그리워하며 슬픔(grief)에 겨운 모습을 연상하면 grief 가 머릿속에 쏙쏙 정리가 될까요? 물론 이런 장황하고 억지스런 우리말 문장을 이용해서 영단어 몇 십 개 정도는 암기할 수도 있을 것입니다. 하지만 중학생에게 필요한 수많은 영단어를 이런 방식으로 모두 암기할 수 있다고 생각하세요? 이런 말장난이 영단어 암기의 진정한 솔루션이라면, 국어 어휘 암기나 어려운 한자 암기, 혹은 복잡한 법전 암기에는 왜 이런 방식이 선풍적인 인기를 끌지 못할까요? 이런 암기 방법은 영단어 암기에 도움을 주기는커녕 오히려 머리를 혼란스럽게 하여 결국 영단어 암기에 방해가 될 수 있음에도 영단어 암기의 새로운 솔루션인 것처럼 소개되고 있기에 놀라지 않을 수 없습니다.

영단어 무한 지배자 시리즈는 기존 교재의 한계점을 극복하고 학생들의 학습 효율을 극대화하기 위해 철저한 분석과 고민으로 기획되었습니다.

지은이 Jeremy Rhee

1 누구나 알고 있는 외래어를 통하여 1천 영단어를 최우선 해결하도록 하였습니다.

가령, 적도의 나라 에콰도르(Ecuador)를 이미 알고 있으면 적도(equator)를 따로 암기할 필요가 없도록 하였으며, 얼굴에 마치 담장처럼 보인 투구를 쓰고 하는 펜싱(fencing) 경기를 아는 학생들이라면 담(fence)을 따로 외우지 않도록 구성하였습니다.

또한, 대양(大洋)으로 둘러싸인 오세아니아를 아는 학생이 대양(ocean)을 따로 학습할 필요가 없게끔 누구나 이미 알고 있는 외래어와 관련 영단어를 연계시켜서 1천 개 이상의 영단어를 최우선적으로 해결하였습니다.

국내에서 〈영단어 무한 지배자〉보다 외래어를 더 많이 활용하여 수많은 영단어를 초토화시킨 교재는 없습니다!

우리가 중국 동포보다 영단어를 빨리 외울 수 있다는 사실을 아세요?

중국 동포들은 우리말을 이해하는 데 상당한 어려움을 느낀다고 합니다. 우리말을 못해서가 아니라, 우리가 일상적으로 쓰는 말의 상당한 양이 외래어인데 중국 동포은 그런 외래어에 익숙하지 않기 때문이죠.

우리는 일상생활에서 정말이지 엄청나게 많은 외래어를 사용하고 있습니다. '노이로제, 텔레파시, 싱크로나이즈, 시뮬레이션, 차이나타운, 하우스 푸어…'

그런데, 휠체어(wheel chair)를 통해 바퀴(wheel)와 의자(chair)를 익힐 수 있듯이, 우리가 흔히 쓰고 있는 외래어만 잘 정리해줘도 1천 개 이상의 영단어를 저절로 습득할 수 있다는 사실을 아세요? 대학에 합격하기까지 필요한 영단어의 상당량이 이 방법으로 커버될 수 있다니 놀랍지 않으세요?

2 학생들의 눈높이에 맞추어 어원을 쉽게 풀어 내었습니다.

어원을 통한 영단어 암기가 아무리 효과가 있을지라도, 어원 해설이 딱딱하고 지겹다면 어린 학생들이 금방 싫증을 느끼겠죠?

본 교재는 일상생활에 흔히 사용되어 학생들이 이미 알고 있는 '눈 밑 다크서클, 음악 리사이틀, 클라이맥스, 스타크래프트 게임' 등의 쉬운 외래어를 바탕으로 어려운 어원을 쉽게 풀어내어 학생들이 바로바로 이해하며 익힐 수 있도록 하였습니다.

3 쉬운 영단어와 어려운 영단어를 도미노(Domino)식으로 연계시켰습니다.

학생들이 이미 알고 있는 쉬운 영어단어와 어려운 영어단어를 패키지로 연계시켜 어려운 어휘도 쉽게 익힐 수 있도록 하였습니다.

도미노식 암기법 예시(例示)

- 악당 로봇(robot) → 악당 로봇이 강탈하다(rob)
  → 로봇에게 빼앗겨서 심장이 두근거리다(throb)

- 목동 아이스링크(rink) → 스케이트장(rink)에 가면 추워서 몸이 오그라들죠(shrink)
  → 등이 오그라들고(shrink) 구부러진 새우(shrimp)

이처럼 쉬운 어휘와 어려운 어휘의 도미노(Domino)식 연계를 통한 어려운 어휘 암기의 연착륙(soft-landing) 효과 달성은 본 교재만의 독보적인 특징입니다.

영단어 암기는 따로국밥이 쉬울까요, 아니면 도미노(Domino) 방식이 쉬울까요?

우리나라 학생들은 보통 중학교에서 골짜기(valley)를 배우고, 고등학교에서 오솔길(alley)을 따로 배웁니다. 하지만 산타클라라 '계곡'에 만들어진 산업단지가 실리콘밸리라는 것을 알게 되면 골짜기(valley)는 더 이상 암기할 필요가 없지요. 또한 골짜기(valley)에는 오솔길(alley)이 있기에 오솔길까지 단박에 암기되는 것은 물론이고요.

이처럼 '쉬운 단어 & 어려운 단어'를 커플로 묶어서 도미노 방식으로 함께 암기하면 영단어 암기는 그야말로 식은 죽 먹기이지요. **이런 쉬운 암기 방법이 있는데, 아직도 영단어를 알파벳순으로 우격다짐으로 암기하거나 기출빈도 순으로 암기하고 싶으세요?**

적절히 짝을 맞추면 쉽게 외울 수 있는 단어를 함께 묶어 통(通)째로 익힐 수 있도록 함으로써 암기효과를 극대화하였습니다.

짝 단어 예시(例示)

- **baggage** [bǽgidʒ] 몡 수화물(= luggage)
  → 수화물(baggage)은 가방(bag)에 넣어 다니는 것이죠.
- **queer** [kwiər] 혱 별난, 수상한, 이상한
  → 역사상 수많은 여왕(queen) 가운데 누가 제일 이상할까요(queer)?

아래와 같이 각 영단어에 대한 짧은 해설기법을 도입하여, 학생들이 우리말로 풀어낸 해설을 읽으면서 각 단어의 의미와 뉘앙스를 먼저 파악한 후 필요한 부분에 밑줄을 긋고 집중 암기함으로써 국어나 사회 과목을 학습할 때처럼 이해에 기초한 영단어 암기가 가능한 혁신적인 방법을 구현하였습니다.

짧은 해설기법 예시(例示)

- **extravagant** → 가방은 한두 개만 있으면 충분한데 엑스트라(extra, 별도의) 가방(vag → bag)을 너무 많이 갖고 있으면 낭비하는(extravagant) 거죠?

본 교재의 특장점

1 누구나 알고 있는 외래어를 통하여 1천 영단어 최우선 정복

2 생생한 어원 해설을 통해 수많은 어원 관련 영단어 초토화

3 도미노(Domino)식 암기법을 통해 어려운 어휘 완전정복

4 짝꿍 영단어 암기법으로 세트 영단어 통(通)암기 달성

5 선(先) 이해 후(後) 암기의 혁신적인 툴 제공

> ▶ 단어별로 최적화된 암기법을 적용하여, 반드시 익혀야 하는
>   모든 어휘에 대한 실질적인 암기 솔루션을 제공함
>
> ▶ 단어별 맞춤형 GPS가 장착된 최적의 암기법 달성

 난공불락의 영단어가 무장해제되는 Zone,
영단어 무한 지배자!

● 누구나 알고 있는 **외래어**와 기초 영단어를 **연계**시키고, 유사한 발음과 모양, 뜻을 한데 모은 **통암기 방식**을 도입시켜 암기 효과를 극대화하였습니다. 또한 단어와 뜻을 포함한 데이별 **MP3**를 통해 보다 빠르고 확실하게 언제 어디서나 영단어를 암기할 수 있도록 구성하였습니다.

● 시뮬레이션을 통해 측정된 **목표 시간**을 **제시**하고 실제 학생들이 읽는 데 **걸린 시간**을 스스로 **확인**해볼 수 있게 함으로써 단어 학습에 시간을 효율적으로 할애할 수 있도록 했습니다.

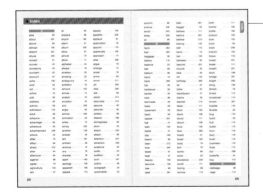

● 이 책에 있는 **단어**를 한데 모아 **알파벳순**으로 해당 페이지를 **정리**하여 특정 단어의 의미와 쓰임을 찾아보기 쉽도록 만들었습니다.

> ⚠️ 아래 차트의 '발음 기호'에 대한 '한글 발음'은 각각의 영어 발음과 가장 비슷한 한글 발음으로 표현한 것에 불과합니다. 모든 영어단어에 대한 정확한 발음은 **MP3**를 통해 확실하게 익히세요!

번호	발음 기호	한글 발음	번호	발음 기호	한글 발음	번호	발음 기호	한글 발음
01	a	아	18	ou	오우	35	ʒ	쥐
02	e	에	19	iər	이어	36	tʃ	취
03	æ	애	20	εər	에어	37	ʤ	쥐
04	i	이	21	uer	우어	38	h	ㅎ
05	ɔ	오	22	p	ㅍ	39	r	ㄹ
06	u	우	23	b	ㅂ	40	m	ㅁ
07	ə	어	24	t	ㅌ	41	n	ㄴ
08	ʌ	어	25	d	ㄷ	42	l	ㄹ
09	a:	아	26	k	ㅋ	43	j	이
10	i:	이	27	g	ㄱ	44	w	우
11	ɔ:	오	28	f	ㅍ	45	wa	와
12	u:	우	29	v	ㅂ	46	wɔ	워
13	ə:	어	30	θ	ㅆ	47	ju	유
14	ai	아이	31	ð	ㄷ	48	ʤa	주ㅏ
15	ei	에이	32	s	ㅅ	49	tʃa	추ㅏ
16	au	아우	33	z	ㅈ			
17	ɔi	오이	34	ʃ	쉬			

Wow,	You	have	very	cute	dogs	and	cats	at	home
감	대	동	부	형	명	접	명	전	명

와~ 당신은 집에 매우 귀여운 개들과 고양이들을 가지고 있군요!

1 명 **명사**: 사람이나 사물의 이름 　　　　　예 Jane(제인), apple(사과), love(사랑)

2 대 **대명사**: 명사를 대신해서 쓰는 말 　　　　예 I(나), you(너), it(그것), we(우리)

3 동 **동사**: 움직임이나 상태를 나타내는 말 　　예 run(달리다), eat(먹다), am(~이다)

4 형 **형용사**: 명사를 꾸며주는 말 　　　　　　예 beautiful(아름다운), pretty(예쁜), strong(강한)

5 부 **부사**: 동사, 형용사, 다른 부사 혹은 문장을 꾸며주는 말 　예 very(매우), fast(빨리), here(여기), early(일찍)

6 전 **전치사**: 명사 앞에 와서 의미를 더해주는 말 예 in(~안에), on(~위에), from(~부터), to(~까지)

7 접 **접속사**: 단어와 단어, 문장과 문장을 이어주는 말 예 and(그리고), but(그러나), or(혹은)

8 감 **감탄사**: 감정이나 느낌을 나타내는 말 　　예 wow(와), oops(아차)

참고용으로 제시된 다음 공부 계획표를 보고
각자의 수준과 일정에 맞게 단어 학습을 시작해보세요.

● **기본 과정** | 30일 마무리

DAY	DAY 01	DAY 02	DAY 03	DAY 04	DAY 05
학습일	월 일	월 일	월 일	월 일	월 일
맞힌 단어 개수					
틀린 단어 개수					

DAY	DAY 06	DAY 07	DAY 08	DAY 09	DAY 10
학습일	월 일	월 일	월 일	월 일	월 일
맞힌 단어 개수					
틀린 단어 개수					

DAY	DAY 11	DAY 12	DAY 13	DAY 14	DAY 15
학습일	월 일	월 일	월 일	월 일	월 일
맞힌 단어 개수					
틀린 단어 개수					

DAY	DAY 16	DAY 17	DAY 18	DAY 19	DAY 20
학습일	월 일	월 일	월 일	월 일	월 일
맞힌 단어 개수					
틀린 단어 개수					

DAY	**DAY 21**	**DAY 22**	**DAY 23**	**DAY 24**	**DAY 25**
학습일	월 일	월 일	월 일	월 일	월 일
맞힌 단어 개수					
틀린 단어 개수					

DAY	**DAY 26**	**DAY 27**	**DAY 28**	**DAY 29**	**DAY 30**
학습일	월 일	월 일	월 일	월 일	월 일
맞힌 단어 개수					
틀린 단어 개수					

● **단기완성 과정** | 15일 마무리

DAY	**DAY 01/02**	**DAY 03/04**	**DAY 05/06**	**DAY 07/08**	**DAY 09/10**
학습일	월 일	월 일	월 일	월 일	월 일
맞힌 단어 개수					
틀린 단어 개수					

DAY	**DAY 11/12**	**DAY 13/14**	**DAY 15/16**	**DAY 17/18**	**DAY 19/20**
학습일	월 일	월 일	월 일	월 일	월 일
맞힌 단어 개수					
틀린 단어 개수					

DAY	**DAY 21/22**	**DAY 23/24**	**DAY 25/26**	**DAY 27/28**	**DAY 29/30**
학습일	월 일	월 일	월 일	월 일	월 일
맞힌 단어 개수					
틀린 단어 개수					

Contents

DAY 01

I don't know the exact answer.
저는 정확한 답을 모르겠어요.

 Day01.mp3

쉽게 풀어낸 어원

'액션 배우' 이소룡이 펼치는 '액션 무비'.
act는 **행동하다**를 뜻해요.

0001

act
[ækt]

동 행동하다 명 (특정한) 행동

➕ action 명 행동 actor 명 남배우 actress 명 여배우

0002

active
[ǽktiv]

형 활동적인, 활발한

저 선수는 움직임이 **액티브**하네요.

➕ activity 명 활동, 동작

0003

reaction
[riǽkʃən]

명 반동, 반응

뒤(re)와 행동(action)이 결합되면
반동(reaction)이 되지요.

0004

exact
[igzǽkt]

형 정확한, 틀림없는

밖(ex)에서 행동할(act) 때에는 사람들을 배려해서
정확한(exact) 처신을 해야 해요.

➕ exactly 부 정확하게

"한 단어당 10초씩 읽어 보세요."

목표 시간: 15분

걸린 시간: 분

0005

punch
[pʌntʃ]

동 주먹으로 치다, 구멍을 뚫다

펀치를 날리다. 펀치가 세다

0006

punish
[pʌniʃ]

동 처벌하다, 벌주다

처벌할(punish) 때는 따끔한 펀치(punch)를 이용하기도 하죠.

0007

fry
[frai]

동 튀기다 명 튀김

프라이팬 – 달걀 프라이를 할 때 쓰는 납작한 냄비

0008

French
[frentʃ]

형 프랑스의 명 프랑스어, 프랑스인

프렌치프라이 – 프랑스에서 유래된 감자튀김

➕ **France** 명 프랑스

0009

master
[mǽstər]

명 정통한 사람, 대가 동 숙달하다, 정통하다

영어를 완벽하게 **마스터**해봐요.

0010

plan
[plæn]

명 계획 동 계획하다

마스터 **플랜** – 기본이 되는 기획 또는 설계

➕ **planner** 명 계획자, 설계자 → 웨딩 플래너, 파티 플래너

17

0011 **mirror**
[mírər]

명 거울 동 반사하다

자동차 백**미러**
(참고로 '백미러'의 정확한 영어식 표현은 rear mirror예요.)

0012 **rear**
[riər]

명 뒤 형 후방의 동 기르다, 교육하다

사람 뒤에 졸졸 따라다니는 **리어**카(rear car)

0013 **gate**
[geit]

명 문

톨**게이트** – (고속도로) 요금소
게이트볼 – 막대기로 공을 쳐서 문을 통과시키는 경기

함께 익혀요 **toll** 명 통행료, 사용세

0014 **gaze**
[geiz]

동 응시하다 명 응시, 주시

문(gate)을 통해 밖을 **응시해요**(gaze).

 쉽게 풀어낸 어원

'양(兩)손잡이'라고 할 때의 한자 '양(兩)'과 비슷한
접두어 **amb**는 **두 가지의**라는 뜻입니다.

0015 **ambition**
[æmbíʃən]

명 야심, 큰 포부

현실에 만족하지 않고 두 가지(ambi) 마음을 품는 것을
야심/큰 포부(ambition)라고 할 수 있겠죠.
➕ ambitious 형 야망이 있는, 야심 있는

0016 **ambiguous**
[æmbígjuəs]

형 모호한, 애매한

어떤 행동을 할 때 양다리(ambi)를 걸치고 왔다 갔다 하면
애매한(ambiguous) 상황이 돼요.

0017 body
[bάdi]

명 몸, 신체
보디로션 – 몸에 바르는 로션, 보디가드 – 경호원

0018 nobody
[nóubàdi]

명 보잘것없는 사람 대 아무도 ~않다
no와 body가 결합되어 **보잘것없는 사람/
아무도 ~않다**를 뜻하는 nobody가 됩니다.

0019 band
[bænd]

명 띠, 밴드, 음악대 동 묶다
헤어**밴드** – 머리띠, 고무 밴드 – 고무줄

0020 bend
[bend]

동 구부리다, 휘다
고무 밴드(band)는 잘 **휘어지지요**(bend).

0021 husband
[hΛzbənd]

명 남편
예전에는 남편을 집을 묶어주는 기둥이라고 했죠.
– husband는 집(hus→ house)과 묶다(band)가
결합되어 **남편**(husband)을 뜻합니다.
하우스 허즈번드 – 집안일을 하는 남편

0022 chief
[tʃiːf]

명 우두머리, 장, 추장 형 주된
의사 **치프**, 치프 매니저
가장 높은 직급이나 계급의 사람을 치프(chief)라고 하죠.
함께 익혀요 achieve 동 성취하다 → 치프(chief)가 되겠다는 목표를
성취하셨군요(achieve). achievement 명 성취, 업적, 달성

0023 cheap
[tʃiːp]

형 값이 싼, 싸구려의
주된(chief) 물건이 아니라면 값이 **싸겠죠**(cheap)?

0024 bone
[boun]

명 뼈

세계적 명성의 도자기 **본**차이나(bone china)는
뼈(bone)를 넣어서 만든 자기로 유명하지요.

[함께 익혀요] **China** 명 중국 → 차이나타운 – 중국인이 모여 사는 마을
Chinese 명 중국인, 중국어 형 중국의

0025 amateur
[ǽmətʃùər]

명 아마추어, 비전문가

아마추어 골프대회, 아마추어 탁구 동호회

0026 economy
[ikánəmi]

명 경제, 절약

비행기 **이코노미**석 – 비행기의 저렴하고 경제적인 좌석

➕ **economic** 형 경제의 **economical** 형 절약하는, 알뜰한

0027 focus
[fóukəs]

명 초점 동 집중하다

포커스를 맞추세요. – 초점을 맞추세요.
카메라 포커스, 렌즈 포커스

0028 build
[bild]

동 건설하다, 짓다(build-built-built)

고층 **빌딩**, 운동 기구를 사용하여 근육을 발달시키는
보디빌딩(body building)

0029 animation
[ænəméiʃən]

명 만화영화, 생기, 활기

애니메이션 속의 등장인물들은 마치 살아 있는 것
같아요(animated).

0030 balance
[bǽləns]

동 균형을 유지하다 명 균형, 은행 잔고

평균대 위에서는 **밸런스**를 잘 유지해야 해요.
언밸런스하다 – 균형이 맞지 않다

0031 combination
[kàmbənéiʃən]

명 결합, 연합

여러 가지 재료가 들어간(연합된) **콤비네이션** 피자

➕ **combine** 동 결합시키다, 합동하다

0032 clinic
[klínik]

명 진료소, 전문 병원, 클리닉

비만 **클리닉**, 당뇨 클리닉, 키즈 클리닉 같은
전문 병원들이 있죠.

0033 alarm
[əlάːrm]

명 알람, 경종　동 놀라게 하다

알람시계
알람 소리가 너무 커서 놀랐어요.

 **쉽게 풀어낸 어원**

연예인 스타, 성경에서 유대인을 구한 별 에스더.
star와 **aster**는 모두 **별**을 뜻하지요.

0034 star
[staːr]

명 별, 항성, 별 모양

스타워즈(Star Wars) – 별들의 전쟁

➕ stellar 형 별의

0035 satellite
[sǽtəlàit]

명 위성, 인공위성(= artificial satellite)

밤하늘에서 별(satel → aster)처럼 빛(lite → light)을
내는 **인공위성**(satellite)

0036 stare
[stɛər]

함께 익혀요

명 응시　동 쳐다보다

밤하늘의 별(star)을 **쳐다보면**(stare) 정말로 아름답죠?

0037 starve
[staːrv]

함께 익혀요

동 굶어 죽다, 갈망하다

우주에는 얼마나 많은 별이 있을까요?
수많은 별(star)을 다 세다간 **굶어 죽겠죠**(starve)?

➕ starvation 명 굶주림, 기아

0038 amazing
[əméiziŋ]

형 놀라운, 대단한

정말 **어메이징**하다
– 정말 놀랍다

0039 Budda
[búːda]

명 부처님

중생들에게 자비를 부어주시는 **부처님**(Budda, 붓다)

⊕ **Buddhist** 명 불교도 형 불교의

0040 church
[tʃəːrtʃ]

명 교회

영국의 처칠 수상은 **교회**(church)에 다녔나요?

⊕ **christian** 형 기독교도의

0041 escape
[iskéip]

동 도망치다 명 탈출

이스케이프 플랜(escape plan) – 탈출 작전

0042 concert
[kánsəːrt]

명 연주회

개그 **콘서트**. 클래식 콘서트, 콘서트 티켓, 콘서트홀

함께익혀요 **hall** 명 홀, 복도 → 댄스홀

0043 acid
[ǽsid]

형 시큼한, 가혹한, 산성의

산성비를 acid rain이라고 하죠.

0044 enemy
[énəmi]

명 적

사랑의 화신은 에미(=어머니)이고, 적(敵, 원수)은
에너미. (영화) 퍼블릭 에너미 – 공공의 적

0045 record
명 [rékərd] 동 [rikɔ́ːrd]

명 기록 동 기록하다

레코드판에는 노래가 기록되어 있지요.

0046

license
[láisəns]

명 면허증, 인가(= licence)

드라이버스 **라이선스**(driver's license) – 운전면허증
라이선스 계약 – 지적 재산권 등을 제3자에게 허락하는 것

0047

synchronize
[síŋkrənàiz]

동 동시에 발생하다

싱크로나이즈드 스위밍(수중 발레)
싱크로율 100%라고 할 때의 synchro는 동시 작동이라는
의미예요.

0048

letter
[létər]

명 글자, 편지, 문학(letters)

러브 **레터** – 사랑의 편지

함께 익혀요 **lettuce** 명 상추 → 상추(lettuce) 먹고 편지(letter) 써요.

쉽게 풀어낸 어원

자동차 오디오 & 가수 오디션.
aud는 듣다를 뜻합니다.

0049

audio
[ɔ́ːdiòu]

명 오디오, 음향기계 형 음성의

0050

audition
[ɔːdíʃən]

명 오디션

가수나 배우를 뽑기 위한 실기 시험을
오디션(audition)이라고 하죠.

0051

audience
[ɔ́ːdiəns]

명 청중, 관객

audience는 공연이나 강연을 들으러(aud) 온
청중/관객(audience)을 의미합니다.

DAY 02
Climate change is a big problem.
기후변화는 중대한 문제입니다.

 Day02.mp3

 쉽게 풀어낸 어원

'자동으로 가는 자전거'를 의미하는
오토바이(autobike).
auto는 자기 스스로, 저절로
라는 뜻입니다.

0052
automobile
[ɔ́ːtəməbíːl]

명 자동차
저절로(auto)와 움직이다(mobile – 모빌)가
결합하여 **자동차**(automobile)가 된 것이죠.

0053
autograph
[ɔ́ːtəgræf]

명 자필, 서명 동 서명하다
자기 스스로(auto)와 그리다/쓰다(graph)가
결합하여 **자필/서명/서명하다**(autograph)가
됩니다.

0054
counter
[káuntər]

명 카운터, 창구, 계산대
마트 **카운터**, 은행 카운터

0055
contrast
동 [kəntrǽst] 명 [kántræst]

동 대조하다, 대조를 이루다 명 대조
카운터(counter)를 기준으로 직원과 고객은 마주보고
서서 **대조를 이루죠**(contrast).

"한 단어당 **10초씩** 읽어 보세요."

 목표 시간: **15분**

 걸린 시간: **분**

0056 **cure**
[kjuər]

동 치료하다, 고치다　명 치료
매니**큐어**, 페디큐어 – 발과 발톱을 가꾸는 것

0057 **curious**
[kjúəriəs]

형 호기심이 있는
의사가 환자를 치료할(cure) 때 환자에게
호기심이 있어서(curious) 이것저것 물어보죠.
➕ curiosity 명 호기심

0058 **pure**
[pjuər]

형 순수한, 깨끗한
여드름을 치료하면(cure) 얼굴이 **깨끗해져요**(pure).
➕ Puritan 명 (기독교) 청교도　형 청교도의

0059 **climb**
[klaim]

동 오르다
등산 운동 **클라이밍** 열풍, 클라이밍 다이어트

0060 **climate**
[kláimit]

명 기후, 풍토
높은 산에 오르면(climb) **기후/풍토**(climate)가
변하죠.

0061 **site**
[sait]

명 위치, 장소, 부지
인터넷 **사이트**
건물이나 도시가 있는 위치를 사이트(site)라고 하죠.

25

0062 **space**
[speis]

몡 공간, 우주
키보드의 **스페이스** 바를 누르면 공간이 생기죠.
스페이스센터에 가면 우주(space)를 체험할 수 있어요.
➕ **spacecraft** 몡 우주선

0063 **spade**
[speid]

몡 삽, 가래 통 삽으로 파다
(트럼프 카드) **스페이드**, 삽(spade)으로 파서
언제 우주(space)를 만들죠?

 쉽게 풀어낸 어원

고기를 막대기에 끼워 굽는 바비큐,
길을 막는 막대기 모양의 바리케이드
bar는 **막대기**를 뜻합니다.

0064 **bar**
[ba:r]

몡 막대기, 법정, 술집 통 금지하다, 가로막다
아이스**바**, 바텐더

0065 **barbecue**
[bá:rbikjù:]

몡 바비큐, 통구이

0066 **barricade**
[bǽrəkèid]

몡 장애물, 바리케이드

0067 **barber**
[bá:rbər]

함께 익혀요
몡 이발사
막대기(bar)를 든 원시인의 긴 머리를 잘라주는
사람(er)이 **이발사**(barber)인가요?

0068 **double**
[dʌbl]

동 두 배가 되다 형 이중의, 두 배의
크기가 두 배 더 큰 **더블**버거, 더블 침대

0069 **doubt**
[daut]

명 의심 동 의심하다
더블(double) 버거가 진짜 두 배 큰 버거인지
의심(doubt)이 들 때가 있어요.
다우트 증후군 – 불신 증후군

0070 **fashion**
[fǽʃən]

명 유행, 패션
패션쇼, 패션모델, 패션몰

0071 **passion**
[pǽʃən]

명 열정, 열심, 수난
정열(passion)의 패션(fashion)이 있는
브라질 삼바 축제

0072 **yard**
[jaːrd]

명 뜰, 마당, 구내, 0.9144미터
백 **야드**(back yard) – 뒷마당

0073 **grave**
[greiv]

명 무덤 형 무거운, 중대한
〈**그레이브** 야드(grave yard)〉라는 공포영화.
무덤을 배경으로 한 무시무시한 이야기랍니다.

0074 **grief**
[griːf]

명 슬픔
묘지에 가면 왠지 슬퍼지죠? – grief는 무덤(grave)에서
연상되는 **슬픔**(grief)을 뜻합니다.
➕ grieve 동 슬퍼하다, 슬프게 하다

0075

face
[feis]

뗑 얼굴, 표면 툉 직면하다

포커**페이스**(poker face)는 '속마음을 드러내지 않는 얼굴'을 뜻하죠. 포커를 할 때 카드 패를 상대편이 눈치 채지 못하도록 표정을 바꾸지 않는 데서 유래했답니다.

0076

surface
[sə́:rfis]

뗑 겉 표면, 외관

물건에도 얼굴이 있을까요?
– surface는 위에(sur)와 얼굴(face)이 결합되어 물건의 얼굴(?)인 **겉 표면/외관**(surface)을 뜻합니다.

0077

host
[houst]

뗑 남자 주인 툉 주최하다, 접대하다

홈쇼핑 쇼**호스트**

➕ hostess 뗑 여자 주인

0078

ghost
[goust]

뗑 유령

고스트 하우스 – 유령의 집
고스트(ghost)는 무덤의 주인(host)인가요?

0079

exit
[éksit]

뗑 출구 툉 나가다

건물 비상 출입구 위의 **EXIT**라는 표시 많이 보셨죠?

0080

exist
[igzíst]

툉 살아가다, 존재하다

매일매일 **살아가면서**(exist) 건물의 출구(exit)를 들락날락하죠.

0081

exciting
[iksáitiŋ]

휑 흥분시키는

(야구장의) **익사이팅** 존(zone) – 야구장에서 신나게 즐길 수 있는 특별관중석

➕ excite 툉 흥분시키다, 자극하다   excited 휑 흥분한

0082
care
[kɛər]

명 주의, 걱정, 관심 동 좋아하다

스킨케어 – 피부 관리, 토탈 케어 – 종합 관리

➕ careful 형 주의 깊은, 조심하는
careless 형 경솔한 → less는 '적게, ∼없이'라는 뜻이죠.

0083
democracy
[dimάkrəsi]

명 민주주의

데모(시위) 때문에 길이 막혀요.
– democracy는 데모가 허용되는 민주주의
(democracy)를 말합니다.

0084
check
[tʃek]

명 점검, 수표 동 확인하다, 조사하다

시험 볼 땐 답안지를 꼼꼼히 **체크**하세요.

 쉽게 풀어낸 어원

남성의 가장 낮은 음역인 베이스(bass),
(악기) 콘트라베이스(가장 낮은 소리를 내는 현악기).
이때의 **bas**는 **기본, 바닥**을 뜻하지요.

0085
base
[beis]

명 토대, 기지, 기초 동 기초를 놓다

(야구) 1루 **베이스**
베이스캠프 – 등산할 때 근거지로 삼는 곳

0086
basic
[béisik]

형 기본적인

베이직 코스 – 기본 과정
베이직 프로그램

0087
basement
[béismənt]

명 지하실

집에서 가장 바닥(bas)이 되는 곳은 **지하실**(basement)

함께 익혀요 vase 명 꽃병, 병, 항아리 → 꽃병(vase)은 집 바닥
(base)에 놓지요.

0088 indicate
[índikèit]

동 가리키다, 지적하다

인디아(인도, India)가 어디에 있는지 지도에서
가리켜보세요(indicate).

0089 dozen
[dʌzn]

명 1다스, 12개 묶음

연필 1다스(12개)
맛있는 도넛 한 **더즌**(12개)

0090 excellent
[éksələnt]

형 우수한, 뛰어난

엑설런트하다 – 우수하다

➕ excel 동 능가하다, ~보다 낫다 → MS 엑셀이 생기면서
문서 작업이 이전보다 나아졌어요(excel).

0091 office
[ɔ́:fis]

명 사무실

사무실이 모여 있는 **오피스** 빌딩
오피스텔은 오피스(office)와 호텔(hotel)의 합성어.

➕ officer 명 공무원, 경찰관

0092 fancy
[fǽnsi]

명 좋아함, 공상 동 상상하다

팬시점, 팬시 문구

0093 fantastic
[fæntǽstik]

형 환상적인, 공상적인, 굉장한

매년 봄 벚꽃 축제는 **판타스틱**해요.
– 벚꽃 축제는 환상적이에요.

0094 habit
[hǽbit]

명 습관, 습성, 기질

사람이 갖고(have) 있는 그것(it)이 **습관**(habit)이죠.

➕ habitual 형 습관적인

0095 happening
[hǽpniŋ]

명 우발 사건, 우연히 일어난 일

웃지 못할 **해프닝**, 만우절 해프닝

➕ happen 동 발생하다, 우연히 ~하다

0096 human
[hjú:mən]

몡 인간, 사람 혱 인간의, 인간다운

휴먼 다큐 또는 휴먼 드라마는 인간의 감성을 자극하여 감동을 주죠.

0097 humor
[hjú:mər]

몡 유머, 해학

유머 있는 사람이 인기가 많죠.

 쉽게 풀어낸 어원

야구 배트는 공을 때려 쳐내는 도구죠.
이처럼 **bat**는 **때리다**를 뜻합니다.

0098 bat
[bæt]

몡 방망이, 박쥐 동 치다

야구 **배트** – 야구 방망이, 배트맨 – 박쥐인간

➕ **batter** 몡 타자 동 두들기다
함께 익혀요 **pitcher** 몡 투수 **pitch** 동 던지다
→ 피칭머신 – 투수처럼 야구공을 던져주는 기계
rat 몡 쥐 → 쥐(rat)는 박쥐(bat)의 사촌뻘로 철자가 비슷하지요.
cat 몡 고양이 → 쥐(rat)를 잡아먹는 고양이(cat)도 철자가 비슷하군요.

0099 battle
[bǽtl]

몡 싸움, 전투

배틀 딱지, 댄스 배틀
– battle은 bat(때리다)에서 유래하여 싸움/전투(battle)를 뜻합니다.

0100 debate
[dibéit]

동 논쟁하다, 토론하다 몡 논쟁, 토론

말싸움을 하다가 몹시 화가 나면 애꿏은 땅바닥만 발로 차죠.
– 아래(de=down)와 때리다(bat)가 결합되어 **말로 논쟁하다/토론하다/논쟁/토론**(debate)이 됩니다.

0101 beat
[bi:t]

동 때리다, 패배시키다(-beat-beat)

때리다(bat)와 의미와 모양이 모두 비슷한 beat는
때리다/패배시키다라는 뜻.

DAY 03

Can you recommend a good book?
좋은 책을 한 권 추천해주시겠어요?

🔊 Day03.mp3

0102
junior
[dʒú:njər]

형 나이 어린, 손아래의 명 후배
주니어 의류 – 아동/청소년 의류

0103
senior
[sí:njər]

형 손위의 명 연장자, 선배
주니어 & **시니어** – 후배 & 선배
시니어 일자리 – 노인 일자리

0104
language
[lǽŋgwidʒ]

명 언어, 말
랭귀지 스쿨 – 언어를 가르치는 학교
바디 랭귀지 – 몸짓 언어

0105
translate
[trænsléit]

동 번역하다
translate는 가로질러(trans→train 연상)와
말(late→lang 연상)이 연계되어
번역하다(translate)를 뜻해요.

0106
lux
[lʌks]

명 조명도, 밝기 단위
빛의 밝기 단위인 **럭스**(lux)

0107
lunar
[lú:nər]

형 달의
달의(lunar)의 럭스(lux)는 얼마나 될까요?

"한 단어당 **10초**씩 읽어 보세요."

 목표 시간: 15분

 걸린 시간: 분

0108 **mend**
[mend]

동 수선하다, 개선하다
사용 기간이 끝나서(end) 고장 났으면
수선해야죠(mend).

0109 **recommend**
[rèkəménd]

동 추천하다
잘 수선했으니(mend) 다른 사람에게
추천할까요(recommend)?

0110 **wave**
[weiv]

명 물결, 파장, 곡선 모양 머리칼
웨이브 파마, 코리안 웨이브 – 한류

0111 **cave**
[keiv]

명 굴, 동굴
오랜 기간 물결(wave)이 치면 해안가 절벽에
동굴(cave)이 생기겠죠.

0112 **monk**
[mʌŋk]

명 수도승
수도승(monk)이 기거하는 깊은 산속에는
야생 원숭이(monkey)가 있을지도 몰라요.

0113 **monument**
[mánjumənt]

명 기념비, 기념물
입적하신(돌아가신) 수도승(monk)을 위해서
기념비(monument)를 세우기도 하죠.

0114 loose
[lu:s]

형 느슨한, 헐거운

루스하고 느슨한 스케줄 – 한가한 일정
게임이 루스하다 – 게임이 긴장감이 없고 느슨하다

➕ **loosen** 동 늦추다, 느슨해지다, 풀다

0115 lose
[lu:z]

동 분실하다, 잃다, 지다(-lost-lost)

루저 – 패자
지갑이 느슨하면(loose) 돈을 잃어버릴(lose) 수도
있어요.

➕ **loser** 명 패배자

0116 lazy
[léizi]

형 게으른

너무 느슨한(loose) 상태가 지속되면
게을러져요(lazy).

0117 question
[kwéstʃən]

명 질문 동 질문하다

퀘스천 마크 – 물음표
FAQ(frequently asked questions) – 자주 묻는 질문들

➕ **questionable** 형 의심스러운

0118 answer
[ǽnsər]

명 대답 동 대답하다, 책임을 지다

question & answer(질문과 **답변**, Q&A)

0119 peanut
[pí:nət]

명 땅콩

땅콩으로 만든 **피넛** 버터

➕ **pea** 명 (완두) 콩 **nut** 명 견과, 너트(=나사)

0120 nurse
[nə:rs]

명 유모, 간호사 동 젖을 먹이다

너스콜(nurse call)
– 병원에서 환자가 간호사를 부를 수 있게 설치한 벨

0121 **name**
[neim]

명 이름, 명성
이름을 쓰는 용도의 **네임**펜

0122 **nickname**
[níknèim]

명 별명
인터넷 카페 **닉네임**
블로그 닉네임

0123 **fame**
[feim]

명 명성, 명예
명성(fame)이란 이름(name)이 널리 알려진 것이죠.
➕ **famous** 형 유명한

0124 **blame**
[bleim]

동 비난하다, 나무라다 명 비난
이름(name)을 더럽히면 **비난**(blame)받을 수 있어요.

 쉽게 풀어낸 어원

바퀴가 두 개 달린 자전거를 바이크(bike)라고 하죠.
bi는 둘을 뜻합니다.

0125 **bike**
[baik]

명 자전거

0126 **bicycle**
[báisikl]

명 자전거
bi(둘) + **cycle**(원)
➕ **cycle** 명 자전거, 순환, 주기 → 사이클 경기 – 자전거 경기,
라이프 사이클 – 생활 주기

0127	**out** [aut]	閏 밖에

(야구) 원**아웃**, 타임아웃(time-out), (컴퓨터) 로그아웃
(log out)

함께 익혀요 out of 전 ~로부터
from 전 ~로부터 to 전 ~까지, ~쪽으로, ~에

0128	**shout** [ʃaut]	图 외치다 图 외침

shout는 록 가수들의 **샤우트** 창법처럼 밖으로(out)
외치다/외침(shout)을 뜻합니다.

0129	**hesitate** [hézətèit]	图 주저하다, 망설이다

Don't hesitate. – 주저하지 마세요.

0130	**hydrogen** [háidrədʒən]	图 수소

하이드로젠 자동차 – 수소 자동차(수소를 연료로
이용하는 자동차)
물(hydro, H_2O)의 구성요소인 수소(hydrogen)

0131	**jewelry** [dʒúːəlri]	图 보석류

주얼리숍 – 보석 가게
보석 전문점에는 반짝이는 주얼리가 많아요.

0132	**electric** [iléktrik]	图 전기의

일렉트릭 기타 – 전기 기타
제너럴 일렉트릭(GE) – 에디슨이 설립한 전기조명 회사를
모체로 성장한 세계적인 기업
➕ electricity 图 전기

0133	**function** [fʌ́ŋkʃən]	图 기능 图 작용하다

(컴퓨터) **펑션**키 – 기능키(컴퓨터 자판 위쪽에 있는
F1, F2 같은 특별한 기능을 하는 키)

0134 **manager**
[mǽnidʒər]

명 매니저, 관리자

연예인 **매니저**, 매장 매니저

➕ manage 통 다루다, 조종하다, 경영하다

0135 **normal**
[nɔ́ːrməl]

형 평범한, 보통의, 정상적인

상태가 **노멀**해. – 보통이야.(평범해.)

➕ abnormal 형 비정상적인 → 벗어난(ab) + 정상적인(normal)

0136 **aid**
[eid]

명 도움 통 도와주다

퍼스트 **에이드**(First Aid)
– 위급한 상황에서 도움을 주는 응급처치

➕ first-aid kit 구급상자

 쉽게 풀어낸 어원

보드 게임, 컴퓨터 키보드, 웨이크 보드는
모두 '판'과 관련이 있죠.
이처럼 **board**는 **판자**를 뜻합니다.

0137 **board**
[bɔːrd]

명 판자, 게시판, 위원회 통 ～에 타다

0138 **keyboard**
[kíːbɔ̀ːrd]

명 건반

컴퓨터나 피아노의 **키보드**는 판자(board) 위에
누를 수 있는 키(key)가 있죠.

0139 **blackboard**
[blǽkbɔ̀ːrd]

명 칠판

blackboard는 검은(black)과 판자(board)가
결합되어 **칠판**(blackboard)을 뜻합니다.

0140

minute
명 [mínit] 형 [mainjúːt]

명 (시간) 분   형 미세한, 사소한

원 **미닛** 스피치 – 1분 스피치

Just a minute. – 잠시만요.

0141

modern
[mádərn]

형 현대식의, 근대의

모던하다 – 현대적이다

0142

destiny
[déstəni]

명 운명

학생에게 책상(desk)은 **운명**(destiny)이겠죠.
열심히 공부합시다!

함께 익혀요 **destination** 명 운명, 목표, 목적지

0143

anthem
[ǽnθəm]

명 성가, 찬송가

신에 대한 대답(answer)이 **찬송가**(anthem)인가요?

➕ **national anthem** 명 애국가

0144

college
[kálidʒ]

명 (단과)대학

서울대 ○○ **칼리지**, 연세대 ○○ 칼리지와 같이
칼리지는 (단과)대학을 뜻합니다.

0145

recognize
[rékəgnàiz]

동 알아차리다, 분간하다, 인정하다

성형수술을 받았는데 **네 코구나** 하고 알아차리면
(recognize) 할 수 없이 인정해야겠죠?

0146

future
[fjúːtʃər]

명 미래

(영화) 백투더**퓨처** – 타임머신을 타고 과거와 미래를
오가는 이야기

0147

order
[ɔ́ːrdər]

동 주문하다, 명령하다   명 질서, 순서, 명령

스페셜 **오더** – 특별 주문

➕ **disorder** 명 무질서, 혼란

0148 **extra**
[ékstrə]

형 별도의, 여분의, 과외의, 임시의

엑스트라 배우

쉽게 풀어낸 어원

야구 캡, 샤워 캡처럼 머리에 쓰는 것을
캡(cap)이라고 하지요.
이처럼 **cap**은 **머리, 모자**를 뜻해요.

0149 **captain**
[kǽptən]

명 우두머리, 장, 선장

캡틴 잭스패로 – 영화 〈캐리비안 해적〉의 선장
캡틴 박지성 – 주장 박지성

0150 **capital**
[kǽpətl]

명 수도, 자본, 대문자 형 중요한

벤처 **캐피탈**
– capital은 cap(머리)에서 유래하여 국가의 가장 중요한
도시인 수도/자본/대문자/중요한(capital)을 뜻합니다.

0151 **capable**
[kéipəbl]

형 할 수 있는, 유능한

capable은 머리(cap)와 할 수 있는(able)이 결합되어
할 수 있는/유능한(capable)이 되죠.

0152 **cabbage**
[kǽbidʒ]

함께 익혀요
명 양배추, 멍청이

롤캐비지 – 양배추를 말아서 만든 음식
머리(cab→cap) 모양으로 생긴 양배추(cabbage)

DAY 04

He is a professional football player.
그는 프로 축구선수예요.

 Day04.mp3

쉽게 풀어낸 어원

배구에서 상대방의 서브를 다시(re) 잡는 것을
리시브(receive)라고 하죠.
이때의 **ceive**에 **잡다**라는 의미가 있습니다.

0153 **receive**
[risíːv]

圖 받다, 수령하다
배드민턴 **리시브**
(탁구) 회전하는 공 리시브

0154 **deceive**
[disíːv]

圖 속이다
카드놀이 할 때 밑장(아래, de)을 잡으면(ceive)
속이는(deceive) 거지요? 혹시 타짜?

0155 **sample**
[sǽmpl]

圆 샘플, 견본
샘플 화장품 – 견본 화장품

0156 **example**
[igzǽmpl]

圆 예, 본보기
수업시간에 예를 들 때 많이 쓰는 기호 ex가 바로
example(**예**)이죠.
– example은 sample과 철자와 발음이 비슷하네요.

"한 단어당 **10**초씩 읽어 보세요."

 목표 시간:　15분

걸린 시간:　분

0157

professional
[prəféʃənl]

명 전문가　형 전문적인, 직업의

프로페셔널을 줄여서 프로라고 하죠.
프로 야구, 프로 농구

0158

professor
[prəfésər]

명 교수

교수(professor)는 전문적인(professional)
직업이에요.

0159

ray
[rei]

명 광선

X-ray를 처음 발견했을 때는 무슨 빛인지 몰라서
엑스**레이**라고 불렀다고 하네요.

0160

gray
[grei]

형 회색의, 머리가 센　명 회색

엑스레이(X-ray) 필름은 **회색**인가요(gray), 아니면
검은색인가요?

0161

place
[pleis]

명 장소　동 두다, 설치하다

핫**플레이스** – 뜨거운 장소(인기가 많은 장소)

0162

replace
[ripléis]

동 교체하다

replace는 무언가를 다시(re) 두는(place) 것으로
교체하다(replace)라는 의미가 있어요.

41

0163 roof
[ruːf]

명 지붕 동 지붕으로 덮다

(자동차) 선**루프**
– 햇빛이 들어올 수 있도록 만든 차량 천장

0164 proof
[pruːf]

명 증명, 입증

워터**프루프** – 방수팩(물이 들어오지 않는 것이 입증된 팩)
워터프루프 화장
– 증명(proof)은 지붕(roof) 위에서 하면 잘 보이죠.

➕ **prove** 동 증명하다, ~으로 판명되다
함께익혀요 **probable** 형 있음직한 **probably** 부 아마도

0165 improve
[imprúːv]

동 개선하다, 향상하다, 진보하다

외양뿐만 아니라 속(in)까지 업그레이드시키면 금상첨화
– 안(im→in)과 증명하다(prove)가 결합되어 **개선하다/
향상하다/진보하다**(improve)가 됩니다.

0166 look
[luk]

동 보다, ~처럼 보이다 명 보기

커플**룩** – 연인처럼 보이는 옷
스쿨룩 – 학생처럼 보이는 옷(교복 스타일 의상)

0167 suit
[suːt]

명 양복, 정장, 옷 한 벌 동 적합하다

슈트 – 상하 한 벌의 양복
점프슈트 – 바지와 상의가 하나로 붙어 있는 옷

0168 pulse
[pʌls]

명 맥박

헬스 자전거에는 맥박 측정을 위한 **펄스**가 장착되어 있어요.

0169 murder
[mɔ́ːrdər]

명 살인 동 살인하다

아이에게 생명을 주는 엄마(mother)와 생명을 빼앗는
살인(murder)의 발음이 비슷하네요.

0170 mammal
[mǽməl]

명 포유동물

어미(mam)의 젖을 먹고 자라는 **포유동물**(mammal)

쉽게 풀어낸 어원

우리가 몸에 착용하는 액세서리(accessory)는
우리가 어딜 가든 함께 가죠.
cess 또는 **ceed**에는 **가다**라는 뜻이 있어요.

0171
accessory
[æksésəri]

명 부속물, 부속품

컴퓨터 **액세서리**, 주방 액세서리

0172
access
[ǽkses]

명 접근 동 접속하다

(인터넷) **액세스**가 거부되었습니다.
– 접근이 거부되었습니다.
access는 가까이 가다(cess)를 의미하지요.

0173
necessary
[nésəsèri]

형 필요한, 필수의

정말 필요한 것은 놓고 갈 수 없죠?
– 부정의 의미(ne→not)와 가다(cess)가
결합되어 (놓고) 갈 수 없을 정도로
필요한/필수의(necessary)가 됩니다.
➕ **necessity** 명 필요, 필수, 필수품

0174
ancestor
[ǽnsestər]

명 조상, 선조

ancestor는 전에(an→anti)와 가다(ces→cess)와
사람(or)이 결합되어 먼저 돌아가신
조상/선조(ancestor)를 뜻합니다.
➕ **ancient** 형 고대의, 옛날의

0175
succeed
[səksíːd]

동 계승하다, 성공하다

위대한 업적을 물려받으려면 그 사람 아래로 가야 해요.
– 아래(sus→subway 연상)와 가다(ceed)가 연계되어
계승하다/성공하다(succeed)가 됩니다.
➕ **successful** 형 성공한

0176 volunteer
[vʌ̀ləntíər]

명 지원자, 자원봉사 동 자진하여 ~하다
발런티어 데이 – 기부 & 봉사의 날
➕ voluntary 형 자발적인

0177 palace
[pǽlis]

명 궁전
궁전 같이 화려한 건물을 **팰리스**라고도 하죠.

0178 supply
[səplái]

명 공급 동 공급하다, 보충하다
(컴퓨터) 파워 **서플라이** – 전원 공급 장치

0179 complete
[kəmplíːt]

동 성취하다, 완료하다 형 완전한
미션 **컴플리트** – 임무 완수
➕ completion 명 완성, 성취, 완료

0180 post
[poust]

명 기둥, 지위, 우편 동 (게시물을) 붙이다
골**포스트** – 축구 골대(골 기둥), 메모를 붙이는
포스트잇(post-it), 블로그에 사진 포스팅하기
➕ post office 명 우체국 postbox 명 우체통
postman 명 우편집배원

0181 impact
명 [ímpækt] 동 [impékt]

명 충돌, 영향 동 충돌하다, 영향을 주다
딥 **임팩트** 탐사선 – 미국 나사(NASA)에서 혜성 충돌을
위해 발사한 무인 우주선
무언가 강력한 영향 또는 충격을 줄 때 임팩트 있다고 하죠.

0182 spell
[spel]

동 철자를 쓰다 명 주문(呪文)
영단어 **스펠링** 게임 – 철자 게임

0183 alphabet
[ǽlfəbèt]

명 알파벳, 문자
영어의 A, B, C를 나열한 **알파벳**

0184 **request**
[rikwést]

명 요구, 요청 동 요청하다

TV 프로그램 〈사랑의 **리퀘스트**〉는 불우이웃에 대한 사랑을 요청하는 방송이었죠.

함께 익혀요 require 동 필요로 하다, 요구하다
requirement 명 필요, 요구

 **쉽게 풀어낸 어원**

퍼센트(percent)는 100을 기준으로 한 값이죠.
이때의 **cent**는 **100**을 뜻합니다.

0185 **percent**
[pərsént]

명 백분율, 퍼센티지

5**퍼센트**, 확률을 퍼센트로 계산하기

0186 **centimeter**
[séntəmì:tər]

명 1/100미터, 센티미터

100**센티미터**가 1미터이죠.

0187 **cent**
[sent]

명 1센트, 1/100달러

1달러는 100**센트**입니다.

0188 **century**
[séntʃəri]

명 100년, 1세기

(축구) **센추리**(century) 클럽은 국가대표 축구경기인 A매치에 100회 이상 출장한 선수들만 가입할 수 있지요.
– 백(cent)에서 파생한 100년/1세기(century)

0189 **centigrade**
[séntəgrèid]

명 백분도 눈금, 섭씨온도 형 (온도) 섭씨의(=Celsius)

물이 어는 온도를 0, 끓는 온도를 100으로 해서 100등분한 섭씨온도 – 백(cent)과 등급(grade)이 결합되어
백분도 눈금/섭씨온도(centigrade)가 됩니다.

➕ grade 명 등급, 단계, 정도, 학년

0190 **radio**
[réidiòu]

명 라디오 형 무선의, 방사선의
라디오 방송국, 라디오를 듣다

0191 **windy**
[wíndi]

형 바람 부는, 바람이 센
(해양 스포츠) **윈드**서핑 – 바람을 이용한 파도타기

➕ wind 명 [wind] 바람 동 [waind] 감다(-wound-wound)
→ (야구) 와인드업

0192 **foreign**
[fɔ́:rən]

형 외국의, 외국산의
포린 랭귀지(foreign language) – 외국어

0193 **science**
[sáiəns]

명 과학, 학문, 전문지식
세계적인 권위의 과학저널 **사이언스**(Science) 지

0194 **security**
[sikjúərəti]

명 안전, 보안
우리 집 안전을 위한 홈 **시큐리티** 시스템
컴퓨터 시큐리티 – 컴퓨터 보안

➕ secure 형 안전한, 확실한 동 안전하게 하다, 확보하다
함께 익혀요 sure 형 확실한, 튼튼한, 안전한 → I am sure. 확실합니다.

0195 **situation**
[sitʃuéiʃən]

명 상황, 상태, 위치
시추에이션 코미디 – 무대와 등장인물은 같지만 매회
이야기가 다른 방송 코미디로, 줄여서 시트콤(sitcom)이라고
하죠.

0196 **president**
[prézədənt]

명 대통령, 회장
미국에는 워싱턴 대통령과 링컨 대통령의 업적을 기리는
프레지던트 데이가 있어요.
– president는 앞에(pre)와 앉다(sid→sit)가 합쳐져 어딜
가나 제일 앞에 앉는 대통령/회장(president)을 뜻해요.
함께 익혀요 sit 동 앉다, 위치하다

0197 **similar**
[símələr]

형 비슷한, 유사한

시뮬레이션(simulation)은 실제와 비슷하게 흉내 내는 것이죠.
similar는 흉내(simulation)와 발음과 의미가 가까운
비슷한/유사한(similar)을 뜻합니다.

➕ **simulation** 명 모의실험, 흉내 → 컴퓨터 시뮬레이션

0198 **simple**
[símpl]

형 단순한, 심플한

심플한 인테리어 – 단순한 인테리어
심플한 디자인 – 단순한 디자인

0199 **single**
[síŋgl]

형 유일한, 단 하나의, 독신의

싱글베드 – 1인용 침대
싱글족 – 1인 가구

🔧 **쉽게 풀어낸 어원**

쇼핑센터, 주민 센터의 **center**는
중심, 가운데를 뜻합니다.

center

0200 **center**
[séntər]

명 중심

0201 **central**
[séntrəl]

형 중심의, 주된, 중추적인

센트럴 파크 – 중앙 공원
센트럴 스테이션 – 중앙역

0202 **concentration**
[kànsəntréiʃən]

명 집중

함께(con)와 가운데(center)가 결합하여
집중(concentration)이 됩니다.

There is no perfect solution.
완벽한 해결책은 없습니다.

 Day05.mp3

0203 **slip**
[slip]

동 미끄러지다, 실수하다
슬리퍼를 신을 때는 미끄러지지 않도록 주의하세요.
⊕ slippery 형 미끄러운

0204 **slope**
[sloup]

명 경사면
스키장 **슬로프**
– 미끄러지다(slip)와 경사면(slope)은 철자와 의미가
유사하네요.

0205 **solution**
[səlúːʃən]

명 해결책, 용해
키 성장 **솔루션**
솔루션을 제시하다 – 해결책을 제시하다

0206 **solve**
[salv]

동 풀다, 해결하다
해결책(solution)이 있으면 문제를 **해결할**(solve) 수
있어요.

0207 **supper**
[sʌ́pər]

명 저녁식사, 야식, 만찬
저녁식사(supper) 준비를 하려면 슈퍼에서 뭘 좀
사와야 해요.

0208 **sugar**
[ʃúgər]

명 설탕
브라운 **슈거** – 갈색 설탕, 흑설탕
슈퍼에서 설탕(sugar)을 팔죠.

"한 단어당 10초씩 읽어 보세요."

목표 시간: 15분

걸린 시간: 분

0209 **round**
[raund]

형 둥근, 왕복의 동 ~의 주위를 돌다

라운드 티셔츠 – 옷깃이 둥근 티셔츠
(교통) 라운드 티켓 – 왕복 티켓

➕ **around** 부 ~의 둘레에, ~의 주위에

0210 **surround**
[səráund]

동 둘러싸다, 에워싸다

surround는 위(sur→sun 연상)와 둥근(round)이 결합
되어 **둘러싸다/에워싸다**(surround)를 뜻하지요.

 쉽게 풀어낸 어원

축구장의 센터서클(중앙의 동그란 원)처럼
동그란 것을 **circle**이라고 하죠.

0211 **circle**
[sə́:rkl]

명 원 동 원을 그리다

다크**서클** – 눈 아랫부분이 둥그렇게 어두워
보이는 것

➕ **semicircle** 명 반원 (semi: 절반)

0212 **circumstances**
[sə́:rkəmstæ̀nsiz]

명 환경, 상황

우리 주위를 동그랗게(circum→circle)
둘러싸고 서 있는(stand) 것이
환경/상황(circumstances)

0213 main
[mein]

형 주요한 명 본관

메인 스타디움 – 주경기장
(컴퓨터) 메인 보드

0214 remain
[riméin]

동 여전히 ~인 채로 있다, 남다 명 유적(remains)

remain은 다시(re)와 주요한(main)이 합쳐져
여전히 ~인 채로 남다(remain)가 됩니다.

0215 tempo
[témpou]

명 속도, 박자, 템포

템포 조절 – 속도 조절
한 템포 느리게 – 한 박자 느리게

0216 temperature
[témpərətʃər]

명 온도

속도(tempo)가 빨라지면 **온도**(temperature)도
상승

0217 continent
[kántənənt]

명 대륙, 육지

콘티넨탈 항공은 대륙(continent) 이동에 편리하죠.

0218 continue
[kəntínjuː]

동 계속하다, 연장하다

섬들을 **계속하여**(continue) 연결하다보면 거대한
대륙(continent)이 되지요.

0219 take
[teik]

동 취하다, 잡다, 가지고 가다, 데리고 가다

테이크아웃 – 식당 안에서 음식을 먹지 않고 밖으로
가지고 가서 먹거나 마시는 것, 햄버거 테이크아웃

➕ **mistake** 동 잘못하다 명 잘못, 실수 → 잘못(miss) + 잡다(take)

0220
soul
[soul]

몡 영혼, 사람

소울 푸드 – 영혼을 채워주는 음식

0221
soldier
[sóuldʒər]

몡 군인

토이 **솔저** – 장난감 병정
스마트 솔저 – 미래 병사 체계

0222
spirit
[spírit]

몡 영혼, 정신, 숨

원 팀 원 **스피릿**(one team one spirit)은 한 팀이면
정신도 하나여야 한다는 의미죠.

 쉽게 풀어낸 어원

농구 용어 '인터셉트'는 상대편이 패스할 때
중간에서 공을 잡아채는 거죠.
intercept의 **cept**는 **잡다**를 뜻합니다.

0223
accept
[æksépt]

동 받아들이다, 인정하다

쇼핑할 때 물건을 하나씩 잡아 카트에 담죠?
– 하나의(a)와 잡다(cept)가 합쳐지면
받아들이다/인정하다(accept)가 됩니다.

0224
except
[iksépt]

동 제외하다 전 ～을 제외하고(＝except for)

필요 없는 물건은 카트 밖에 두고 잡지 않겠죠?
– except는 밖(ex)과 잡다(cept)가 결합되어
제외하다/～을 제외하고(except)를 의미합니다.
➕ **exceptional** 형 예외적인, 아주 뛰어난

0225
concept
[kánsept]

몡 개념, 콘셉트

디자인 **콘셉트**, 콘셉트카 – 신개념 차
– 모든 사람이 머릿속에 같이(con) 잡고(cept) 있는 게
개념/콘셉트(concept)죠.

0226

stay
[stei]

동 머무르다 명 체류

홈**스테이** – 학교 근처의 가정집에서 체류하는 것
오버 스테이 – 허용된 기간을 넘겨서 머무르는 것

0227

distance
[dístəns]

명 거리, 간격

롱 **디스턴스**(long distance) – 먼 거리

➕ distant 형 먼, 동떨어진

0228

stick
[stik]

명 막대 동 찌르다, 붙이다, 달라붙다(-stuck-stuck)

립**스틱** – 입술에 바르는 막대 모양의 화장품
척척 달라붙는 스티커

➕ sticky 형 끈끈한

🔧 쉽게 풀어낸 어원

제왕절개로 태어났다는 로마 시저 황제,
축구의 시저스 킥(일명 가위차기)은 모두 "자르는" 가위와 관련 있죠.
cid 또는 **cis**는 **자르다, 죽이다**라는 뜻입니다.

0229

scissors
[sízərz]

명 가위

(축구) 오버헤드킥 & **시저스** 킥
호날두의 멋진 시저스 킥(가위차기)

0230

decide
[disáid]

동 결정하다, 결심하다

건너갈 다리 아래를 폭파시켜(잘라) 돌아가지 않겠다고
결정하는 상황 연상
– decide는 아래(de)와 자르다(cis)가 합쳐져서
결정하다/결심하다(decide)가 되죠.

0231

accident
[æksidənt]

명 사고, 재난, 상해

떨어질 때 악(acc, 떨어질 락/落) 소리가 나는 것 연상
– accident는 악(acc)과 자르다(cid)가 결합되어
사고/재난/상해(accident)가 됩니다.

0232 suburb
[sʌ́bəːrb]

명 교외, 변두리

(미국 시카고) **서버브** 한인 타운 – 교외의 한인 타운

0233 atom
[ǽtəm]

명 원자, 소량

만화영화의 주인공 **아톰**은 원자를 뜻합니다.

0234 term
[təːrm]

명 기간, 학기, 조건, 용어

롱 **텀** 투자 – 장기 투자
텀을 두다 – 일정 기간을 두다

0235 terrible
[térəbl]

형 무서운, 끔찍한

테러블하다 – 끔찍하다

➕ terror 명 테러, 두려움

0236 waste
[weist]

명 쓰레기 동 낭비하다 형 황폐한

웨이스트 백 – 쓰레기봉투

0237 deal
[diːl]

동 거래하다, 취급하다(-dealt-dealt) 명 거래

자동차 **딜러**, 외환 딜러

➕ dealer 명 (특정 상품을 사고파는) 딜러, 중개인
dealing 명 거래

0238 triangle
[tráiæŋgl]

명 삼각형

태국, 미얀마, 라오스가 만나는 삼각지대의
골든**트라이앵글** 관광지
– triangle은 셋(tri)과 앵글(각, angle)이 결합되어
삼각형(triangle)이 되지요.

➕ angle 명 각도, 모서리, 철제 쇠붙이
→ 카메라 앵글 – 카메라로 사진 찍는 각도, 철제 앵글

0239 trend
[trend]

명 경향, 추세

시대에 앞서 가려면 요즘 **트렌드**를 잘 알아야 해요.
패션 트렌드

0240 **university**
[jùːnəvə́ːrsəti]

명 종합대학, 대학교
NYU는 뉴욕 **유니버시티**(뉴욕 대학교)의 약자죠.

0241 **universe**
[júːnəvə̀ːrs]

명 우주, 만물
미국의 대표적인 관광명소인 유니버설 스튜디오 테마파크
➕ universal 형 일반적인, 전 세계적인

0242 **cause**
[kɔːz]

명 원인, 이유 동 야기하다
시시콜콜 대의명분을 따지는 **코즈** 마케팅
[함께 익혀요] because 접 왜냐하면, ~때문에

0243 **excuse**
명[ikskjúːs] 동[ikskjúːz]

명 용서, 변명 동 용서하다, 변명하다
Excuse me. – 실례합니다.
(= 실례했다면 용서해 주세요.)

0244 **adventure**
[ædvéntʃər]

명 모험
모험과 신비의 나라 롯데월드 **어드벤처**

0245 **horizon**
[həráizn]

명 지평선, 수평선
수평선은 하늘과 바다가 만나는
허리존(horizon, 허라이즌)인가요?

0246 **advice**
[ædváis]

명 충고, 조언
뷰티 **어드바이스** – 미용에 대한 조언
학습 어드바이스
➕ advise 동 충고하다, 조언하다

0247 **victory**
[víktəri]

명 승리, 정복
(구호) **빅토리** – 승리
★잠깐 상식 빅토리 데이 – 연합군이 제2차 세계대전에서 승리한 날

0248 envy
[énvi]

명 시기, 부러움 동 시기하다, 부러워하다

하버드, 예일과 같은 아이비(ivy) 리그(미국 북동부 명문 사립대학)에 들어가면 다들 **부러워하겠죠**(envy)?

➕ envious 형 질투심이 강한, 부러워하는

함께 익혀요 ivy 명 담쟁이덩굴

★**잠깐 상식** 미국 북동부 명문사립대에는 담쟁이덩굴(ivy)이 많아서 '아이비리그'로 불리지요.

 쉽게 풀어낸 어원

고객이 제품에 대한 불만이 있어 클레임을 제기할 때 흥분해서 크게 말하는 모습을 떠올려 보세요.
claim은 **외치다**를 뜻합니다.

0249 claim
[kleim]

동 외치다, 요구하다, 주장하다 명 요구, 주장

고객이 **클레임**을 걸다

0250 exclaim
[ikskléim]

동 소리치다

화가 나면 밖(ex)을 향해 소리치죠.
– exclaim은 밖(ex)과 외치다(claim)가 결합하여 **소리치다**(exclaim)가 됩니다.

0251 declare
[diklέər]

동 선언하다, 발표하다

왕이 아래의(de) 백성을 향해 큰 소리로 외치는 (clare→claim) 것을 **선언하다/발표하다** (declare)라고 해요.

0252 scream
[skri:m]

명 비명 동 비명을 지르다

공포 영화 〈**스크림**〉에서는 등장인물들이 공포에 질려 비명을 지르곤 하죠.
– scream 역시 claim(외치다)과 관련이 깊어요.

Please keep your voice down.

목소리를 낮춰주시기 바랍니다.

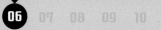 Day06.mp3

0253

voice
[vɔis]

명 목소리

허스키 **보이스** – 허스키한 목소리
보이스 피싱 – 목소리를 이용한 전화 사기 수법

0254

proverb
[právə:rb]

명 속담, 격언, 교훈

모든 사람 앞(pro)에 내놓을 만한 유익한 말(목소리, ver →voc)을 **속담/격언/교훈**(proverb)이라고 하죠.

0255

pound
[paund]

동 세게 치다 명 (무게) 파운드

격투기 선수들의 강력한 **파운딩**

0256

wound
[wu:nd]

명 상처 동 상처를 입히다

격투기 선수에게 파운딩(pounding)을 당하면 **상처**(wound)가 나겠죠?

0257

add
[æd]

동 더하다, 추가하다

원래 없었던 대사나 멜로디를 더해서(add) 즉흥적으로 연기하는 **애드**리브(ad-lib)

➕ addition 명 추가, 덧셈

0258

address
명 [ǽdres] 동 [ədrés]

명 주소, 연설 동 연설하다

IP **어드레스** – 네트워크 주소
– 계속 이사 다니면 주민등록 정보에 주소(address) 목록이 계속 추가되겠죠(add)?

"한 단어당 **10**초씩 읽어 보세요."

 목표 시간: **15분**

 걸린 시간:　분

 쉽게 풀어낸 어원

'회사, 함께 있는 사람들'을 뜻하는 company는
원래 함께(com) 빵(pan)을 먹는 데서 유래했다죠.
com 또는 **col**은 **같이, 함께**를 뜻합니다.

0259 **company**
[kʌ́mpəni]

명 회사, 친구, 일행
굿 **컴퍼니** 선포식
– 좋은 회사를 만들자는 캠페인

0260 **common**
[kʌ́mən]

형 공통의, 보통의
커먼센스(common sense)
– 상식(인류 공통의 지식)

0261 **community**
[kəmjúːnəti]

명 공동체, 지역사회
요즘은 온라인 **커뮤니티**가 정말 많아요.
– 함께(com)와 통합(unity)이 결합되어
공동체/지역사회(community)가 된 것이죠.

0262 **communication**
[kəmjùːnəkéiʃən]

명 의사소통, 커뮤니케이션, 통신
통신사 이름이 보통 ○○**텔레콤**이죠. 이때의
텔레콤(telecom)은 tele communication을
줄인 말이에요.

➕ **communicate** 동 전달하다, 통신하다, 의사소통하다

| 0263 | **over**
[óuvər] | 쩐 ~위에, ~이상　튀 위쪽으로, 끝나서
오버하지 마. – 지나치게 행동하지 마. |

| 0264 | **above**
[əbʌ́v] | 쩐 ~을 초월하여, ~위에
above는 over(위에)의 유사어로
~을 초월하여/~위에(above)를 뜻하지요. |

| 0265 | **jam**
[dʒæm] | 명 잼, 혼잡　동 쑤셔 넣다
사과**잼**은 사과를 쑤셔 넣어서(jam) 만드나요?
함께 익혀요 **jar** 명 병, 단지, 항아리 → 맛있는 잼(jam)은 병(jar)에
넣어서 보관하지요. |

| 0266 | **traffic jam**
[trǽfik dʒæm] | 명 교통체증
트래픽 잼은 차량들(traffic)이 잼(jam)처럼 서로
엉켜 있는 상태인 교통체증을 말합니다.
➕ **traffic** 명 교통　형 교통의 |

| 0267 | **trouble**
[trʌbl] | 명 문제, 골칫거리　동 폐를 끼치다
트러블 메이커 – 문제아
피부 트러블 |

| 0268 | **travel**
[trǽvəl] | 명 여행　동 여행하다
트러블(trouble) 메이커는 **여행**(travel) 가서도
골칫거리죠. 집에서 새는 바가지가 나가서도 새는 법 |

| 0269 | **bowl**
[boul] | 명 사발, 주발, 볼링, 공
볼링(bowling) 공은 **사발**(bowl)처럼 생겼어요. |

| 0270 | **problem**
[prάbləm] | 명 문제, 과제
노 **프라블럼**(No problem.) – 문제없어.(괜찮아.) |

0271 **able**
[éibl]

[형] 할 수 있는, 능력 있는

에이블 서포터즈 – 장애인 도우미

➕ **unable** [형] 할 수 없는 **enable** [동] 가능하게 하다
ability [명] 능력

 **쉽게 풀어낸 어원**

(창문) 오픈 & 클로즈.
close의 **clos** 또는 **clud**는 **닫다**를 뜻합니다.

0272 **close**
[동] [klouz] [형] [klous]

[동] 닫다 [형] 가까운

(카메라) **클로즈**업
– 가까운 거리에 있는 것처럼 확대하여 촬영하기

0273 **clothes**
[klouz]

함께 익혀요
[명] 옷, 의복

옷(clothes)은 몸을 덮는(close) 역할을 하지요.

➕ **cloth** [명] 천

0274 **closet**
[klázit]

[명] 작은 방, 찬장, 변기

문을 닫고(close) 들어가는
화장실(Water Closet, WC) 연상

0275 **include**
[inklú:d]

[동] 포함하다

안에(in) 집어넣고 문을 닫으면(clud)
포함하는(include) 거죠.

0276 **exclude**
[iksklú:d]

[동] 배제하다, 제외시키다

밖(ex)에 두고 문을 닫으면(clud)
배제시키는(exclude) 거예요.

0277 **tunnel**
[tʌnl]

명 터널, 굴, 지하도
해저 **터널**, 대관령 터널

0278 **canal**
[kənǽl]

명 운하, 수로
터널(tunnel)처럼 길게 뚫은 물길을 **수로**(canal)라고 해요.

0279 **free**
[fri:]

형 자유로운, 무료의, 면세의, ~이 없는
(축구) **프리**킥 – 상대방 선수의 방해를 받지 않고 자유롭게 차는 킥, 프리하다 – 자유롭다, 한가하다

0280 **freedom**
[frí:dəm]

명 자유, 해방
자유로운(free)에서 파생된 **자유**(freedom)
함께익혀요 **frequent** 형 빈번한, 자주 있는 → 자유로우니(free) 뭔가가 자주 있겠죠?

0281 **freeze**
[fri:z]

동 얼다, 얼리다(-froze-frozen)
자유로운(free) 것이 지나치면 규제가 생겨 다시 **얼어붙는**(freeze) 게 자연의 섭리
➕ **refrigerator** 명 냉장고(= fridge) → 다시(re) + 얼리다 (frige→freeze)

0282 **prison**
[prízn]

명 감옥
프리즌 스테이 – 감옥에 체류하는 체험
(미드) 프리즌 브레이크
– 꼼짝 못하고 얼어붙게(freeze) 만드는 곳인 감옥(prison)

0283 **detective**
[ditéktiv]

명 탐정, 형사
디텍티브 코난 – 명탐정 코난
➕ **detect** 동 발견하다, 찾아내다

0284 **protection**
[prətékʃən]

명 보호
아이 **프로텍션** 안경 – 눈 보호 안경
➕ **protect** 동 보호하다, 감싸다

0285

wall
[wɔ:l]

명 벽

벽(wall)을 기어오르다 떨어질(fall) 수도 있어요.

0286

wallet
[wάlit]

명 지갑

구글 **월렛**. 스마트 월렛 등을 전자 지갑이라고 하죠.
– 적은 돈은 지갑(wallet)에 넣고 큰 돈은 벽(wall)에
숨겨 둘까요?

0287

count
[kaunt]

동 세다, 중요하다 명 백작

노**카운트** – 점수를 계산하지 않는 것, 카운트다운
– 백작은 100까지 카운트할 수 있어서 백작(count)인가
요? 1,000까지 세면 천작?

0288

account
[əkáunt]

명 계산, 셈, 은행계좌 동 설명하다

은행 **어카운트** – 은행 계좌
이메일 어카운트 – 이메일 계정
– account는 세다(count)에서 나온 단어이므로
그 의미도 count와 관련이 깊어요.

0289

taste
[teist]

명 맛, 미각 동 맛이 나다, 맛보다

맛이 좋은 **테이스터스** 초이스 커피
➕ tasty 형 맛있는

0290

haste
[heist]

명 서두름

맛(taste)있는 음식이라고 **서둘러**(haste) 먹지는 마세요.
➕ hasty 형 성급한, 서두르는

0291

crack
[kræk]

동 갈라지다, 부수다

크래커는 잘라서 먹기 편하게 중간에 조그만 구멍이
뚫려 있어요.

0292 trick
[trik]

몡 계략, 속임수 됭 속이다
트릭 쓰지 마. – 속이지 마.

0293 restrict
[ristríkt]

됭 제한하다, 한정하다
트릭(trick) 쓰는 사람은 권리를 **제한해야 해요** (restrict).

0294 advance
[ædvǽns]

됭 전진하다, 진보하다, 승진시키다 몡 전진, 승진
스쿠버다이빙의 2단계 자격증인 **어드밴스** 자격증

0295 advantage
[ædvǽntidʒ]

몡 유리, 이점
(축구) 홈 **어드밴티지** – 홈그라운드의 이점
➕ disadvantage 몡 불리

0296 trousers
[tráuzərz]

몡 (남자용) 바지
새로 산 **바지**(trousers)를 도둑맞았다면 정신적 충격으로 트라우마(trauma)에 빠질 수도 있을까요?
함께 익혀요 **trauma** 몡 정신적 외상, 트라우마

0297 treasure
[tréʒər]

몡 보물 됭 소중히 하다
트레저 아일랜드 – 보물섬

0298 trap
[træp]

몡 덫, 함정 됭 덫을 놓다, 막다
부비**트랩** – 건드리면 폭발하도록 만든 장치
배수관 트랩 – 배수관 역류를 막는 장치

0299 cube
[kjuːb]

몡 정육면체, 입방체
정육면체의 각 면을 같은 빛깔로 맞춰야 하는 **큐브** 놀이

0300
variety
[vəráiəti]

명 다양성, 변화

다양한 볼거리를 제공하는 **버라이어티**쇼

➕ various 형 다양한

0301
violate
[váiəlèit]

동 위반하다

(농구) 워킹 **바이얼레이션** – 공을 들고 세 걸음 이상 걸어가면 반칙이 되는 것

➕ violence 명 폭력, 난폭 → 폭력(violence)은 법을 위반하는 (violate) 것이죠.

0302
wagon
[wǽgən]

명 4륜 마차, 화물 기차, 우마차(소나 말이 끄는 수레)

왜건형 차량은 4륜 마차처럼 차량 뒷부분까지 천장이 높은 차량을 말해요.

🔧 쉽게 풀어낸 어원

드라이클리닝, 컴퓨터 바이러스를 깨끗하게 없애주는 PC 클리어.
clean 또는 **clear**는 **깨끗하다**를 뜻합니다.

0303
clean
[kli:n]

형 깨끗한 동 청소하다

개인정보 **클린** 캠페인 – 장시간 사용하지 않은 웹사이트의 개인정보를 깨끗하게 삭제해주는 캠페인

➕ cleaner 명 청소기

0304
clear
[kliər]

형 맑은, 깨끗한 동 정리하다, 제거하다

클리어하다 – 알아듣기 쉽고 분명하다
클리어 파일 – 투명 파일

0305
nuclear
[njú:kliər]

형 핵의

핵무기(nuclear weapon)는 모든 걸 제거하는(clear) 무시무시한 무기죠.

He quit his job last month.

그는 지난달에 직장을 그만뒀어요.

 Day07.mp3

0306
customer
[kʌ́stəmər]

명 단골 고객

커스터머 서비스 – 고객 서비스

0307
custom
[kʌ́stəm]

명 습관, 관습, 풍습

단골 고객(customer)은 자주 보니까 어떤 **습관**
(custom)을 갖고 있는지 알 수도 있죠.

0308
quick
[kwik]

형 빠른, 신속한

오토바이 **퀵** 서비스는 정말 신속해요.

0309
quit
[kwit]

동 떠나다, 중지하다(-quit-quit)

바람처럼 신속하게(quick) **떠나요**(quit).

0310
after
[ǽftər]

전 ~뒤에, ~후에, ~을 본떠서

물건을 산 다음에 고장이 나면 **애프터**서비스(AS)를 받죠.
애프터 스쿨 – 방과 후

0311
afternoon
[ǽftərnúːn]

명 오후

굿 **애프터눈**(Good afternoon.)

➕ noon 명 정오

"한 단어당 10초씩 읽어 보세요."

 목표 시간: 15분

 걸린 시간: 분

 쉽게 풀어낸 어원

마음을 울리는 아코디언(accordion) 연주.
cord는 **마음, 심장**을 뜻합니다.

0312 **concord**
[kάnkɔ:rd]

몡 일치, 조화

조화(concord)란 같은(con) 마음(cord)이 되는 것이죠.

0313 **courage**
[kə́:ridʒ]

몡 용기

용기(courage)는 피 끓는 심장(cour→cord)에서 나오는 법

➕ **courageous** 혱 용감한 **encourage** 통 용기를 북돋다, 격려하다, 촉구하다 **discourage** 통 용기를 잃게 하다, 낙담시키다

0314 **meet**
[mi:t]

통 만나다, 만족시키다(-met-met)

즐거운 **미팅** – 즐거운 만남

0315 **greet**
[gri:t]

통 인사하다

만나면(meet) 우선 **인사**(greet)부터 해야죠.

➕ **greeting** 몡 인사, 축하

함께 익혀요 **Greek** 혱 그리스의 몡 그리스인, 그리스어 → 그리스인(Greek)을 만나면 인사부터(greet) 할까요?

0316 air
[ɛər]
명 공기, 태도, 분위기, 비행기
에어백, 에어컨

0317 airplane
[ɛərplèin]
명 비행기(= plane)
비행기 이착륙 시 설정해놓는 휴대폰 **에어플레인** 모드

0318 planet
[plǽnit]
명 행성, 유성, 혹성
비행기(plane)를 타고 **행성**(planet)을 한 바퀴 돌아봐요.

0319 ball
[bɔːl]
명 공, 무도회
(축구) 마이 **볼**! – 내 공이야!
볼룸 댄스 – (댄스스포츠 용어) 무도회장에서 추는 사교춤

0320 balloon
[bəlúːn]
명 풍선, 기구(氣球)
애드**벌룬** – 줄을 매달아 공중에 띄워 놓은 풍선 광고
벌룬 아트 – 풍선으로 꾸민 예술

0321 fair
[fɛər]
형 공정한, 예쁜 명 박람회, 전시회
페어플레이 – 공정한 플레이
북(book) 페어 – 도서 박람회
➕ unfair 형 불공평한

0322 fare
[fɛər]
명 운임, 요금
버스를 탔으면 **요금**(fare)을 내는 것이 공정한(fair) 행동이죠.

0323 fairy
[fɛəri]
명 요정
요정(fairy)은 예뻐요(fair).
➕ fairy tale 명 동화

0324 **cloud**
[klaud]

[명] 구름, 흐림

(인터넷) **클라우드** 서비스 – 마치 구름에서 꺼내 쓰듯 언제 어디서든지 자료를 이용할 수 있는 서비스

➕ cloudy [형] 구름이 낀, 흐린

0325 **crowd**
[kraud]

[명] 군중 [동] 꽉 들어차다

크라우드 펀딩 – 군중으로부터 자금을 모으는 것
구름(cloud)같이 몰려오는 군중(crowd)

0326 **loud**
[laud]

[형] 큰 소리의, 시끄러운

천둥번개가 치는 구름(cloud) 속은 **시끄럽죠**(loud).

➕ aloud [부] 크게, 소리 내어

0327 **applaud**
[əplɔ́ːd]

[동] 박수갈채를 보내다, 칭찬하다

박수갈채를 보내면(applaud) 엄청 시끄럽겠죠 (loud).

 쉽게 풀어낸 어원

이불 커버, 매트 커버의 **cover**는
덮다를 뜻합니다.

0328 **cover**
[kʌ́vər]

[동] 덮다, 감추다, 충당하다 [명] 표지

0329 **discover**
[diskʌ́vər]

[동] 발견하다

벗어난(dis)과 덮다(cover)가 결합된 **발견하다** (discover)

➕ discovery [명] 발견

0330
gain
[gein]

동 얻다, 증가하다 　명 이익

(성서) 인류 최초의 아들 카인(Cain)에서 유래하여
gain은 (아들을) **얻다/증가하다/이익**(gain)을
뜻하게 되었답니다.

0331
against
[əgénst, əgéinst]

전 ～에 반대하여, ～에 대하여

안티(a, 반대를 뜻함)와 얻다(gain)를 연관 지으면
～에 반대하여(against)가 됩니다.

0332
pain
[pein]

명 아픔, 고통, 산고(産苦)

페인 킬러 – 진통제
아들(아이)을 얻기(gain) 위해서 겪어야 하는
아픔/고통/산고(産苦)가 pain이죠.
⊕ painful 형 아픈, 고통스러운

0333
target
[tá:rgit]

명 목표, 목표물

목표가 확실한 광고를 **타깃** 광고라고 해요.

0334
forget
[fərgét]

동 잊다

목표(target)를 **잊으면**(forget) 안 되지요.

0335
catch
[kætʃ]

동 잡다(-caught-caught)

캐치볼 게임 – 공을 주고받는 게임
캐처(catcher) – 포수

0336
condition
[kəndíʃən]

명 상태, 상황, 조건

컨디션이 좋다 – 몸 상태가 좋다
컨디션 조절

0337 **admire**
[ædmáiər]

동 감탄하다, 숭배하다

원시인은 불(mire→fire)을 보고 얼마나
감탄했을까요(admire)?

➕ admiration 명 감탄 admiral 명 해군 대장, 제독

0338 **suction**
[sʌ́kʃən]

명 빨기, 흡인

의학 드라마에서는 **석션**이라는 말이 자주 나오죠.
석션은 혈액이나 분비물, 가스 등을 흡입하는 것을 말해요.

➕ suck 동 빨아들이다

0339 **adult**
[ədʌ́lt, ædʌlt]

명 성인 형 성인의

키즈 vs. **어덜트**
우리말로는 '애들'이 '아이들'을 뜻하는데 영어에서는
어른(어덜트, adult)을 뜻하네요.

쉽게 풀어낸 어원

레크리에이션(휴양, 오락)은 지친 몸과 마음을
'다시(re) 창조하다(create)'라는 의미이지요.
cre는 **창조하다**를 뜻합니다.

0340 **recreation**
[rèkriéiʃən]

명 휴양, 오락, 레크리에이션

0341 **create**
[kriéit]

동 창조하다

➕ creature 명 창조물, 생물
함께 익혀요 criticize 동 비판하다 → 비판은 창조의 어머니인가요?

0342

affair
[əféər]

뗑 일, 애정 사건

러브 **어페어**란 애정 사건을 뜻하지요.

0343

client
[kláiənt]

뗑 고객, 의뢰인

클라이언트 데이 – 고객의 날
클라리넷을 사러 온 고객(client)

0344

agree
[əgríː]

똠 동의하다

어~ 그래라고 말하면 동의한다(agree)는 뜻이죠.

➕ disagree 똠 일치하지 않다, 반대하다

0345

almost
[ɔ́ːlmoust]

뛤 거의, 대체로

almost는 all(모든)에서 유래하여
거의/대체로(almost)가 됩니다.

 쉽게 풀어낸 어원

크레디트 카드(credit card)를 마구 사용하다가는
신용불량이 될 수도 있죠.
cred는 믿다, 신뢰하다를 뜻합니다.

0346

credit
[krédit]

뗑 신용, 외상, 학점 똠 신용하다

➕ creditor 뗑 채권자

0347

credible
[krédəbl]

혱 신뢰할 수 있는

믿다(cred)와 할 수 있는(ible)이 결합되면
신뢰할 수 있는(credible)이 됩니다.

0348

edge
[edʒ]

명 모서리, 가장자리, 날카로움

스케이트의 날을 **엣지**라고 해요.

0349

interval
[íntərvəl]

명 간격, 거리

인터벌 운동 – 운동하다가 중간에 잠깐 간격을 두고
다시 하는 운동
인터벌 달리기

0350

valley
[væli]

명 골짜기, 계곡

(미국) 실리콘 **밸리** – 산타클라라 계곡의 산업단지
(강남) 테헤란 밸리(고층 건물 사이가 마치 골짜기 같지요.)

0351

alone
[əlóun]

형 혼자의 부 홀로

영화 〈나 홀로 집에〉의 원제는 홈 **얼론**(Home Alone)이죠.
➕ lonely 형 고독한, 외로운

0352

once
[wʌns]

부 한 번, 옛날에, 이전에 접 일단 ~하면

먼 **옛날**(once)에는 대륙이 하나(one)였죠.

0353

rude
[ru:d]

형 무례한

루드한 행동 – 무례한 행동

0354

daughter
[dɔ́:tər]

명 딸

어린 **딸**(daughter)들이 도토리 키 재기를 하고 있어요.

0355

connection
[kənékʃən]

명 연결, 관계

검은 **커넥션** – 검은 관계(부정부패)
➕ connect 동 연결하다

DAY 08

I am anxious about her health.
저는 그녀의 건강이 걱정됩니다.

Day08.mp3

0356
together
[təgéðər]

图 함께, 같이

투게더 아이스크림 – 함께 먹는 아이스크림
해피 투게더

➕ altogether 图 다같이, 모두 합하여, 전적으로, 전혀

0357
gather
[gǽðər]

图 모이다, 모으다

'함께'가 되려면 여럿이 모여야 해요.
– 함께(together)와 의미도 철자도 비슷한
모이다/모으다(gather)

0358
ankle
[ǽŋkl]

图 발목

앵클부츠 – 발목까지 덮는 부츠

0359
anxious
[ǽŋkʃəs]

图 열망하는, 걱정하는, 근심하는

발목(ankle)을 다치면 **걱정하게**(anxious) 되죠.

➕ anxiety 图 열망, 걱정, 불안

0360
wear
[wɛər]

图 입다, 닳다, 지치다, 지치게 하다

스포츠 **웨어**
언더웨어 – 속옷(겉옷 아래(under)에 입는 옷)

0361
swear
[swɛər]

图 맹세하다, 욕하다(-swore-sworn)

엄숙하게 **맹세할** 때는 의복을 갖추어 입고(wear)
맹세하죠(swear).

"한 단어당 **10초**씩 읽어 보세요."

목표 시간: **15분**

걸린 시간: 분

0362 **pair**
[pɛər]

몡 짝, 쌍, 한 켤레

(카드 게임) 원 **페어** – 한 쌍

0363 **compare**
[kəmpέər]

동 비교하다, 대조하다, 비유하다

비교란 짝/상대방(pare→pair)과 자신을 함께(com)
놓고 **비교하는**(compare) 것

 쉽게 풀어낸 어원

축구에서 크로스 패스는 반대쪽에 있는 선수에게
공을 가로질러 패스하는 것을 말해요.
cross는 교차, 십자가를 뜻합니다.

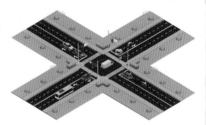

0364 **cross**
[krɔːs]

명 교차, 십자가   동 가로지르다

크로스워드(crossword) 퍼즐 – 십자말풀이
크로스로드(crossroad) – 교차로

➕ **across** 전 ~을 건너서 뷔 가로질러서, 교차하여

0365 **crosswalk**
[krɔ́ːswɔ̀ːk]

명 횡단보도, 건널목

교차(cross) + **걷는 길**(walk)

0366 **music**
[mjúːzik]

뗑 음악

뮤직 비디오, 뮤지컬

➕ musician 뗑 음악가, 작곡가

0367 **museum**
[mjuːzíːəm]

뗑 박물관, 미술관

잔잔한 음악(music)이 나오는 **박물관**(museum)

0368 **amuse**
[əmjúːz]

뙴 즐겁게 하다, 재미나게 하다

음악(music)은 우리 마음을 **즐겁게 하죠**(amuse).

0369 **delivery**
[dilívəri]

뗑 배달, 출산, 분만

24시간 **딜리버리** 서비스

출산이란 신생아를 세상에 배달하는 것.

➕ deliver 뙴 배달하다, 출산하다

0370 **diligent**
[dílədʒənt]

뼹 부지런한

배달(delivery)은 **부지런한**(diligent) 자세로 해야 해요.

0371 **delicious**
[dilíʃəs]

뼹 맛있는

딜리버리(delivery)시켜 먹는 음식이 **맛있어요**
(delicious).

0372 **else**
[els]

뼹 그밖에 다른

동화책 《이상한 나라의 앨리스》에는 흰토끼, 고양이,
그밖에(else) 또 어떤 동물이 나오나요?

0373 **approach**
[əpróutʃ]

뙴 접근하다 뗑 접근

어프로치하다 – 접근하다

(골프) 어프로치샷 – 공을 홀컵에 접근시키는 샷

0374 range
[reindʒ]

명 범위, 한계, 열, 산맥
가스가 나오는 범위가 정해져 있는 가스**레인지**

0375 strange
[streindʒ]

형 이상한, 낯선
범위(range)를 벗어나면 **이상한**(strange) 것이 될 수 있어요.

0376 arrange
[əréindʒ]

동 정돈하다, 준비하다, 배열하다
정돈하는(arrange) 것은 질서 있는 범위(range) 안으로 들어오는 거죠.

 **쉽게 풀어낸 어원**

덴탈 케어, 덴탈 용품이라고 할 때
dent는 치아, 이를 뜻합니다.

0377 dental
[déntl]

형 치아의, 치과의
덴탈 케어 – 치과 치료

0378 dentist
[déntist]

명 치과의사
치아(dent)와 사람 꼬리표(ist)가 결합되어
치과의사(dentist)가 된 것이지요.

0379 deny
[dinái]

함께 익혀요
동 부인하다, 거절하다
날카로운 이(dent)를 드러내고 으르렁거리면서
사육사의 손길을 **거부하는**(deny) 살쾡이

| 0380 | **study**
[stʌ́di] | 통 공부하다, 연구하다　명 학문, 논문
스터디 그룹, 스터디 플랜 |

| 0381 | **stupid**
[stjúːpid] | 형 어리석은
공부하지(study) 않으면 돼지(pig)처럼
미련해지는/어리석게 되는(stupid) 모습 연상 |

| 0382 | **forest**
[fɔ́ːrist] | 명 숲, 삼림
숲(forest)에서 삼림욕을 하면 쉴(rest) 수 있죠. |

| 0383 | **arrest**
[ərést] | 통 체포하다, 저지하다　명 체포
범인이 체포되면 조사받느라 쉬지 못하겠죠?
– arrest는 부정의 의미(a→anti)와 쉬다(rest)가 연관되어
체포하다/저지하다/체포(arrest)를 뜻하지요. |

| 0384 | **way**
[wei] | 명 길, 방법
하이**웨이**
(나라 이름) 노르웨이는 '북쪽(north)으로 가는 길'이라는 뜻 |

| 0385 | **any**
[éni] | 형 어느, 어떤
any time – 언제든 |

| 0386 | **anyway**
[éniwèi] | 부 어쨌든, 하여튼
anyway는 어느(any)와 길/방법(way)이 결합되어 **어쨌든**
(어느 방법을 통해서든), **하여튼**(anyway)을 뜻해요. |

| 0387 | **always**
[ɔ́ːlweiz] | 부 언제나
always는 모든(all)과 길(way)이 결합되어 **언제나**
(always)가 됩니다. |

0388 rest
[rest]

图 쉬다 图 휴식, 나머지
레스트 룸(rest room, 화장실)은 편안하게 쉬는
곳인가요?

0389 nest
[nest]

图 둥지, 보금자리
편안히 쉬는(rest) 곳은 **보금자리**(nest)

0390 restore
[ristɔ́ːr]

图 회복시키다, 복구하다
충분히 휴식(rest)을 취하면 건강을 **회복시킬**(restore)
수 있죠.

0391 lack
[læk]

图 ~이 없다, 부족하다 图 부족
빛이 **부족한**(lack) 상태가 되면 온 세상이 모두 검은
색(black)이 되겠죠.

0392 practice
[præktis]

图 연습하다 图 연습, 실천, 습관
실력이 부족하다면(lack) **연습하면**(practice) 됩니다.

0393 lung
[lʌŋ]

图 폐, 허파
담배를 많이 피우면 **폐/허파**(lung)가 덩(dung, 똥)
색깔로 변할지도 몰라요.
함께 익혀요 dung 图 똥

0394 wrong
[rɔ́ːŋ]

图 나쁜, 잘못된
폐(lung)가 **잘못되면**(wrong) 정말 큰일이죠.

쉽게 풀어낸 어원

테니스에서 듀스(deuce)가 되면 연장전에 들어가 게임을 끌게 되죠.
duce에는 **끌다**라는 뜻이 있어요.

0395 **producer**
[prədjúːsər]

명 생산자
TV **프로듀서**(PD)
➕ produce 동 생산하다 명 농산물 product 명 상품, 결과

0396 **reduce**
[ridjúːs]

동 감소시키다, 줄이다
뒤(re)와 끌다(duce)가 결합하여
감소시키다/줄이다(reduce)가 됩니다.

0397 **introduce**
[intrədjúːs]

동 소개하다, 도입하다
안으로(intro)와 끌다(duce)가 합쳐지면
도입하다/소개하다(introduce)가 되죠.
➕ introduction 명 도입, 소개

0398 **educate**
[édʒukèit]

동 교육하다
○○**에듀**, 교육회사 이름에 에듀라는 말이 많이 붙어요.
– 누군가를 교육하는(educate) 것은 그 사람의 숨어
있던 재능을 밖으로(e) 끌어내는(duce) 것이죠.
➕ education 명 교육

0399 **conduct**
동 [kəndʌ́kt] 명 [kándʌkt]

동 인도하다 명 지도, 행동
수많은 여행객을 인도하는 투어 **컨덕터**(여행 인솔자)
– conduct는 같이(con)와 끌다(duct→duce)가
합쳐져서 인도하다/지도/행동(conduct)을 뜻합니다.
➕ conductor 명 안내자, 지휘자

0400
analyst
[ǽnəlist]

명 분석가

증권 **애널리스트** – 증권 분석 전문가

➕ analyze 동 분석하다

0401
British
[brítiʃ]

형 영국의 명 영국인

유명한 골프 대회의 하나인 **브리티시** 여자 오픈은
영국에서 열립니다.

0402
boil
[bɔil]

동 끓다, 끓이다

보일러(boiler)는 물을 끓여 난방하는 장치예요.

0403
spoil
[spɔil]

동 망치다, 상하게 하다

스포일러(spoiler) – 영화의 줄거리나 주요 장면을
미리 알려주어 영화의 재미를 망치는 훼방꾼

0404
application
[æpləkéiʃən]

명 적용, 지원, 신청

스마트폰 무료 **어플**(application)

➕ apply 동 적용하다, 신청하다 applicant 명 지원자, 신청자

0405
argue
[άːrgjuː]

동 설득하다, 논쟁하다, 주장하다

사랑하는 사람이 아비규환 같은 곳에 간다고 하면
못 가도록 **설득해야겠죠**(argue, 아규)?

➕ argument 명 논의, 논쟁

0406
ground
[graund]

명 땅, 운동장 동 착륙하다

(스포츠) 홈**그라운드** – 자기 팀 본거지에 있는 운동장

➕ playground 명 운동장, 놀이터 background 명 배경, 이유
underground 명 지하 형 지하의 부 지하에

DAY 09

The train arrived at the station on time.

기차가 제시간에 역에 도착했어요.

((◎)) Day09.mp3

0407
river
[rívər]

명 강

미시시피 **리버** – 미시시피 강

강 근처에 있는 리버 타운

0408
arrive
[əráiv]

동 도착하다

농경사회에서는 생명줄 역할을 했던 강(river)에
도착하기만(arrive) 하면 그야말로 만사형통이었지요.

⊕ arrival 명 도착

0409
task
[tæsk]

명 일, 임무

공사장에서 **일**(task) 을 할 때는 마스크(mask)를 써요.

함께 익혀요 mask 명 가면, 탈, 마스크

0410
ask
[æsk]

동 묻다

질문할 때는 쓰고 있던 마스크(mask)를 벗고
물어야 해요(ask).

0411
angry
[æŋgri]

형 화가 난, 성난

(게임) **앵그리** 버드에는 화난 새가 등장하죠.

⊕ anger 명 화, 분노

0412
danger
[déindʒər]

명 위험

화(anger)를 내면 건강에 **위험**(danger)해요.
스트레스는 몸에 해로우니까요.

⊕ dangerous 형 위험한

"한 단어당 10초씩 읽어 보세요."

 목표 시간: 15분

 걸린 시간: 　분

0413 **fly**
[flai]

동 날다 명 파리
(야구) 파울 **플라이** – 파울볼이 높게 날아가는 것
(권투) 플라이급 – 펄펄 날 만큼 가벼운 경량급

0414 **butterfly**
[bʌ́tərflài]

명 나비, 접영
수영의 영법 중 하나인 **버터플라이**는 물을 치면서
나아가는 모양이 마치 나비 같지요.
➕ **butter** 명 버터

 쉽게 풀어낸 어원

인간(man)을 본떠 만든 마네킹(mannequin).
equi 또는 **equa**는
똑같은, 동등한을 뜻합니다.

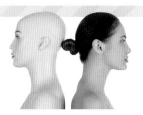

0415 **equal**
[í:kwəl]

형 동등한, 감당할 수 있는 동 동등하다, 필적하다
수학 공식의 하나인 **이퀄**(=, equal)
➕ **unequal** 형 동등하지 않은 **equality** 명 평등

0416 **quality**
[kwálǝti]

명 질, 특질, 성질
정해 놓은 품질 기준보다 위에 있으면 좋은 제품이고,
밑에 있으면 나쁜 제품이죠.
– quality는 (기준과) 같은(qua → equa) 정도를 나타내는
질/특질(quality)을 뜻합니다.

0417

stone
[stoun]

명 돌

스톤 아트 – 돌로 만든 예술

0418

astonish
[əstániʃ]

동 놀라게 하다, 깜짝 놀라다

돌(stone)이 날아오면 **깜짝 놀라는**(astonish) 모습
연상.

0419

twin
[twin]

명 쌍둥이

(야구) LG **트윈**스 – 쌍둥이 구단
트윈 베드룸 – 침대가 두 개인 침실

0420

between
[bitwí:n]

전 ~사이에

쌍둥이 **사이에** 앉아본 경험 있나요?
– between은 be동사와 쌍둥이(tween→twin)가
결합되어 ~의 사이에(between)가 됩니다.

0421

cow
[kau]

명 암소, 젖소

암소를 몰고 다니는 **카우**보이(목동)

0422

coward
[káuərd]

명 겁쟁이 형 비겁한

암소(cow)처럼 겁이 많은 **겁쟁이**(coward)
➕ cowardice 명 겁, 비겁

0423

sow
[sou]

동 씨를 뿌리다

암소(cow)가 밭을 간 뒤에 **씨를 뿌리죠**(sow).

0424 shame
[ʃeim]

명 부끄럼, 수치, 치욕

그냥 봐서는 진품과 거의 같은(same) 모조품을 만들어내는 사람들은 **부끄럼**(shame)을 느껴야 해요.

➕ ashamed 형 부끄러워하는　same 형 같은

0425 foundation
[faundéiʃən]

명 재단, 토대, 기초

박지성 축구 재단 – JS **파운데이션**

기초 메이크업 화장품 – 파운데이션

➕ found 동 설립하다, 세우다

0426 oxygen
[áksidʒən]

명 산소

옥시즌 공기청정기

 쉽게 풀어낸 어원

야구장에 갔더니 관중석 쪽으로 파울 볼(ball)이 떨어지네요(fall).
fal은 **떨어지다, 실패**를 뜻합니다.

0427 fall
[fɔːl]

명 가을　동 떨어지다(-fell-fallen)　명 폭포(falls)

가을(fall)에는 낙엽이 떨어지고, **폭포**(falls)에서는 물이 떨어지지요.

0428 fail
[feil]

동 실패하다

실패(fal)에서 파생된 **실패하다**(fail).

➕ failure 명 실패

0429 fault
[fɔːlt]

명 허물, 결점

(테니스) **폴트** – 서브 실패

– fault는 실패(faul→fal)에서 파생되어 허물/결점(fault)을 뜻합니다.

쉽게 풀어낸 어원

팩토리 아웃렛 – 공장(factory) 직판매장.
팩토리(공장)는 무언가를 만들어내는 곳이죠.
fac. fec 또는 **fic**는 **만들다**를 뜻합니다.

0430 **factory**
[fǽktəri]

명 공장

함께 익혀요 **fact** 명 사실 → 엄연한 팩트야. – 엄연한 사실이야.

0431 **perfect**
[pə́:rfikt]

동 완성하다 형 완전한

(야구) **퍼펙트**게임 – 한 사람의 투수가 상대 팀에게
주자를 한 명도 허용하지 않고 이긴 완벽한 시합
– perfect는 완전한(per)과 만들다(fect)가 결합되어
완성하다/완전한(perfect)이 되지요.

0432 **effect**
[ifékt]

명 결과, 효과

스페셜 **이펙트** – 특수 효과
다 만들어서 밖에 보여주는 게 결과죠.
– 밖(e)과 만들다(fect)가 결합되어 결과/효과(effect)가
됩니다.

➕ **effective** 형 효과적인, 유효한

0433 **affect**
[əfékt]

동 감동시키다, 영향을 미치다, ~인 체하다

뭔가를 멋지게 만들어서(fec) 사람들을
감동시켜(affect) 보세요.

0434 **difficult**
[dífikʌlt]

형 어려운

실력이 아래로(de) 떨어지는 사람이 만들면(fic)
잘 만들기 **어려워요**(difficult).

0435 **grace**
[greis]

명 은혜, 자비
(노래) 어메이징 **그레이스** – 놀라운 은총
➕ gracious 형 은총이 넘치는, 우아한

0436 **congratulation**
[kəngrǽtʃuléiʃən]

명 축하, (-s) 축하의 말
콩그레츄레이션(Congratulations)
– 축하축하~
➕ congratulate 동 축하하다

0437 **original**
[ərídʒənl]

형 최초의, 독창적인 명 오리지널
오리지널 제품
오리지널 시나리오 – 순수 창작 시나리오

0438 **progress**
명 [prágres] 동 [pragrés]

명 전진, 발전 동 진행하다, 진보하다
(컴퓨터) **프로그레스** 바
– 작업 진행률을 보여주는 막대기(bar)
➕ progressive 형 진보적인, 혁신적인

0439 **attack**
[ətǽk]

명 공격 동 공격하다
(게임) 서든 **어택** – 갑작스런 공격
(배구) 백어택 – 뒤에서 공격하는 것
함께 익혀요 sudden 형 갑작스러운 suddenly 부 갑자기

0440 **saw**
[sɔː]

명 톱 동 톱질하다
놀이터의 시**소**(seesaw)는 톱(saw)으로 잘라 만들었겠죠.

0441 **ocean**
[óuʃən]

명 대양(大洋), 바다
오세아니아 대륙 – 사방이 바다(ocean, 오션)로 둘러
싸인 대륙, (경제 용어) 블루오션 – 푸른 바다와 같이 아직
경쟁이 심하지 않은 새로운 사업 분야

0442 **turkey**
[tə́ːrki]

명 칠면조
터키(Turkey) 여행 중에는 **칠면조** 고기를 먹어야 하나요?

0443
donkey
[dáŋki]

명 당나귀

돈키호테가 타는 당나귀(donkey)

0444
athletic
[æθlétik]

형 운동의

애틀랜틱 올림픽에서 **운동의**(athletic) 진수를 보았지요.

➕ athlete 명 운동선수

0445
sore
[sɔːr]

형 아픈, 쑤시는

쏘가리에게 쏘이면 **아파요**(sore).

0446
tune
[tjuːn]

명 곡조 동 조율하다, (기계를) 조정하다

기타 **튜닝** – 기타 조율, 자동차 튜닝 – 자동차 개조

0447
tongue
[tʌŋ]

명 말, 말씨, 혀, 언어

말(tongue)의 목적은 서로 통(通)하기 위한 것

0448
autumn
[ɔ́ːtəm]

명 가을

오(O~)! 가을(autumn, **오텀**)은 오곡백과가 익는 환상의 계절

0449
content
명 [kántent]
형 동 [kəntént]

명 내용, 목차 형 만족한 동 만족시키다

문화 **콘텐츠**, 콘텐츠 이용료

0450
textbook
[tékstbùk]

명 교과서

텍스트 파일
교과서(textbook)에는 수많은 글(text)이 나오지요.

➕ text 명 글, 문서

0451
twice
[twais]

부 두 번, 2회

twice는 two(둘)에서 유래하여 **두 번/2회**(twice)를 뜻해요.

쉽게 풀어낸 어원

페리(ferry)를 타고 한강 야경을 감상해본 적 있으세요?
fer는 **나르다**를 뜻합니다.

0452
ferry
[féri]

명 연락선   동 (보트나 차량으로) 나르다

한강 셔틀 **페리**

0453
offer
[ɔ́ːfər]

동 제안하다, 제공하다

오퍼상들은 물건의 가격을 제안하는 등 무역 거래의
조건을 조정하죠.

0454
prefer
[prifə́ːr]

동 선호하다

좋아하는 것은 미리(pre) 챙기세요.
– 미리(pre)와 나르다(fer)가 결합하여 **선호하다**
(prefer)를 뜻해요.

0455
different
[dífərənt]

형 다른, 다양한

잠수함을 타고 물 아래로 내려가면 **다양한** 광경이
펼쳐질 거예요.
– 아래(di)와 나르다(fer)가 합쳐져
다른/다양한(different)을 의미합니다.
➕ **differ** 동 다르다

0456
suffer
[sʌ́fər]

동 고통받다, 겪다

무언가의 아래에(suf→subway 연상) 깔린다면 무척
고통스럽겠죠?
– suffer는 아래에(suf)와 나르다(fer)가 합쳐져
고통받다/겪다(suffer)를 의미합니다.

DAY 10

Who is the owner of those shoes?
저 신발의 주인은 누구인가요?

((◦)) Day10.mp3

0457 **mile**
[mail]

명 마일(1 mile = 1.609 km)
여기서 서울까지 거리는 20**마일**입니다.

0458 **mill**
[mil]

명 제분소, 방앗간
1마일(mile) 떨어져 있는 **방앗간**(mill)

0459 **wedding**
[wédiŋ]

명 결혼, 웨딩
웨딩드레스, 웨딩 촬영
➕ wed 동 결혼하다, 결혼시키다

0460 **march**
[ma:rtʃ]

명 행진 동 행진하다
웨딩 **마치** – 결혼 행진
➕ March 명 3월

0461 **merchant**
[mə́:rtʃənt]

명 상인
전국 방방곡곡을 행진하고 다니는 행상(보부상)
– merchant는 march(행진하다)에서 유래하여
상인(merchant)을 뜻하지요.

0462 **merchandise**
[mə́:rtʃəndàiz]

명 상품, 제품
상인(merchant)이 파는 물건이 **상품**(merchandise)
이지요.

"한 단어당 **10초**씩 읽어 보세요."

목표 시간: 15분

걸린 시간: 분

0463 festival
[féstəvəl]

명 축제

아시아 뮤직 **페스티벌** – 아시아 음악 축제
페스티벌 복장

0464 feast
[fiːst]

명 축제, 연회

feast(**축제, 연회**)는 festival(축제)과 형태상으로도,
의미상으로도 비슷.

0465 owner
[óunər]

명 주인, 소유주

오너는 주인을 말해요.
오너드라이버 – 자기 자동차를 직접 운전하는 사람

➕ **own** 동 소유하다 형 자신의

0466 owe
[ou]

동 빚지고 있다, 신세지고 있다

owe(**빚지다**)와 own(소유하다)은 그 모양과는 달리
서로 상반되는 의미를 가지고 있어요.

0467 fox
[faks]

명 여우

폭스테리어
– 행동이 민첩해서 여우 사냥에 쓰이는 개

0468 ax
[æks]

명 도끼(= axe)

도끼(ax) 들고 가는 여우(fox) 사냥 연상

0469 garage
[gərɑ́:dʒ]

명 차고, 격납고
차고(garage)는 차가 가고 오는 거래지(去來地)로 암기

0470 garbage
[gɑ́:rbidʒ]

명 쓰레기, 찌꺼기
차고(garage)에 **쓰레기**(garbage)를 버리지 마세요.

0471 sail
[seil]

명 항해 동 항해하다
요트 **세일**링
파라세일 – 낙하산을 메고 모터보트나 자동차 따위에
이끌려 공중으로 나는 스포츠
➕ **sailor** 명 뱃사람, 선원

0472 jail
[dʒeil]

명 감옥, 교도소
허가 없이 다른 나라 영해를 항해하면(sail) **감옥**(jail)에
갈 수도 있어요.

0473 atmosphere
[ǽtməsfiər]

명 공기, 대기, 분위기
만화영화 주인공 아톰(atom)은 원자를 뜻해요.
원자(atmo→atom)와 구(sphere)가 합쳐져
지구 주위에 있는 **대기**(atmosphere)를 뜻해요.
➕ **sphere** 명 구(球), 범위

0474 assume
[əsú:m]

동 가정하다, 추측하다, ~인 체하다
엉덩이(ass)로 어떤 글자를 쓰는지 **추측해볼까요**
(assume)?
함께 익혀요 **ass** 명 엉덩이, 고집쟁이

0475 author
[ɔ́:θər]

명 저자, 창시자
오~ 위대한 창시자
– 오(au→o)와 선생님(thor→sir)이 연계되면
창시자/저자(author)가 됩니다.

0476 beast
[bi:st]

閔 짐승, 짐승 같은 인간
미국 오바마 대통령 전용차의 애칭이 **비스트**죠.
미국 대통령은 짐승(beast)을 타고 다니는군요

0477 million
[míljən]

閔 백만
밀리어네어 – 백만장자
밀리언셀러 – 백만 부 이상 팔린 책
➕ millionaire 閔 백만장자, 대부호

0478 military
[mílitèri]

閔 군대 閔 군인의
밀리터리 패션 – 군대 패션

0479 maybe
[méibi]

閔 아마, 어쩌면
모든 아기(baby)는 **어쩌면**(maybe) 천재?

 쉽게 풀어낸 어원

믿음직한 우리 아버지(father).
fide는 '아버지'에서 유래하여 **믿다**를 뜻합니다.
★10초 어원 상식
악성 베토벤의 유일한 오페라 〈피델리오(Fidelio)〉

0480 confidence
[kánfədəns]

閔 신뢰, 자신감
서로(con) 믿는(fide) 것이 **신뢰**(confidence)죠.
➕ confident 閔 확신하는, 자신만만한
confide 閔 비밀을 말하다, 위탁하다

0481 confidential
[kànfədénʃəl]

閔 기밀의, 극비의
다 같이(con) 믿는(fide) 사람만 알 수 있는 게
극비(極秘)(confidential)지요.

0482 **month**
[mʌnθ]

몡 월

월요일(Monday)은 **월**(month)에서 나온 단어예요.

0483 **bee**
[bi:]

몡 벌

비가 오면 **벌**(bee)은 집에 있겠죠.

 쉽게 풀어낸 어원

올림픽 폐막식인 피날레(finale)가 더 멋질까요,
월드컵 결승전인 파이널(final) 경기가 더 환상적일까요?
fin은 **끝**을 뜻합니다.

0484 **finale**
[finǽli]

몡 피날레, 대단원

피날레를 장식하다 – (공연 등에서) 마지막을 장식하다
콘서트 피날레

0485 **final**
[fáinl]

혱 마지막의, 최종적인

파이널 게임 – 결승전

0486 **finish**
[fíniʃ]

됭 끝내다

스포츠에서 **피니시** 동작은 끝내기 동작을 말합니다.

함께 익혀요 **begin** 됭 시작하다 → 비기너 코스 – 초급자 과정

0487 **infinite**
[ínfənət]

혱 무한한

신(神)은 시작도 끝도 없는 **무한한** 존재인가요?
– 부정의 의미(in)와 끝(fin)이 합쳐져 무한한(infinite)을
뜻합니다.

0488
coin
[kɔin]

명 동전

코인 세탁소 – 동전을 넣어 사용하는 무인 빨래방
비트코인 – 운영자가 없는 가상화폐

함께 익혀요 **coil** 명 전기 코일, 똘똘 감은 것

0489
winner
[wínər]

명 승리자, 우승자

오늘의 **위너** – 오늘의 승자

➕ **win** 동 이기다 → 윈윈 게임 – 모두가 이기는 게임

0490
satisfy
[sǽtisfài]

동 만족시키다, 충족시키다

모든 게 세팅(setting)되면 고객을
만족시키겠죠(satisfy).

➕ **satisfaction** 명 만족 **satisfactory** 형 만족스러운

0491
cucumber
[kjú:kʌmbər]

명 오이

큐컴버 시럽 – 오이 시럽

0492
pumpkin
[pʌ́mpkin]

명 호박

(미국 콜로라도 덴버) **펌프킨** 축제

0493
shake
[ʃeik]

동 흔들다, 떨리다 명 동요

딸기 밀크**셰이크**는 딸기와 우유를 믹서기에 갈아
흔들어서 만들어요.

➕ **handshake** 명 악수 동 악수하다 → 악수할 땐 손을 잡고 흔들지요.

0494
wake
[weik]

동 깨우다, 잠을 깨다

웨이크 업(wake up)! – 일어나!
웨이크보드 타고 물 위를 질주하면 잠이 확 깨겠죠?

0495
honor
[ɑ́nər]

명 명예 동 기념하다

명예의 전당을 홀 오브 **아너**(Hall of Honor)라고 해요.

➕ **honorable** 형 명예로운

쉽게 풀어낸 어원

야외에 불을 피워놓고 둘러 앉아 노는 것을
캠프파이어(campfire)라고 하죠.
fire는 **불**이라는 뜻이지요.

0496 **fire**
[faiər]

명 불 동 불을 붙이다, 해고하다, 발사하다
파이어 알람 – 화재 감지기

0497 **fireman**
[fáiərmən]

명 소방관(= fire fighter)
불(fire)을 끄는 사람(man) – **소방관**(fireman)

0498 **fierce**
[fiərs]

형 사나운, 격렬한
화재(fire)는 모든 것을 앗아갈 만큼 **사납고**(fierce)
무섭죠.

0499 **flame**
[fleim]

명 불길, 화염
불(fire)의 관련어인 **불길/화염**(flame)

0500 **fury**
[fjúəri]

명 분노, 격노
마음속이 불(fire)처럼 이글이글 타오를 때 느끼는 감정이
분노/격노(fury)죠.
➕ furious 형 격노한, 격렬한

0501 **fever**
[fí:vər]

명 열
전 세계를 열광시킨 김연아의 **피버**(fever)
– fever는 불(fe→fire)에 의해 발생하는 뜨거운
열(fever)을 뜻하지요.

baggage
[bǽgidʒ]
0502

몡 수화물(= luggage)

수화물(baggage)은 가방(bag)에 넣어 다니는 것이죠.

east
[iːst]
0503

몡 동쪽 혱 동쪽의

동쪽(east)으로 갈 때 타는 이스타(Eastar) 항공
(미국) 백악관 동쪽 끝에 있는 이스트룸

west
[west]
0504

몡 서쪽 혱 서쪽의

(미국) **웨스트**버지니아 주(州) – 버지니아 주(州) 서쪽에 있음.
(영국) 웨스트민스터 대사원 – 궁전 서쪽에 위치한 대사원

south
[sauθ]
0505

몡 남쪽 혱 남쪽의

사우스 아프리카 – 남아공(남아프리카 공화국),
사우스 코리아 – 남한

north
[nɔːrθ]
0506

몡 북쪽 혱 북쪽의

노스 코리아 – 북한

beggar
[bégər]
0507

몡 거지

거지(beggar)는 버거(burger)를 좋아하나요?

symbol
[símbəl]
0508

몡 상징, 부호, 심볼

십자가는 기독교의 **심볼**이고, 오륜기는 올림픽 심볼이죠.

contact
[kántækt]
0509

몡 접촉, 연락 몡 접촉하다

콘택트렌즈 – 눈과 접촉하는 렌즈
아이 콘택트 – 눈 맞춤

DAY 11

Pets are not allowed here.
이곳은 애완동물이 허용되지 않습니다.

🔊 Day11.mp3

0510 **dark**
[da:rk]

형 어두운, 검은

다크서클 – 몸이 피곤하여 눈 밑이 검은색으로 변하는 것
다크호스(dark horse) – 실력이 알려지지 않은 말

➕ darkness 명 어둠, 암흑

0511 **bark**
[ba:rk]

동 개가 짖다

날이 어두워지면(dark) 개들이 **짖어요**(bark).

함께 익혀요 barn 명 헛간, 광

0512 **clock**
[klak]

명 시계, 탁상시계

우리나라 탁상시계는 째깍째깍 소리를 내고 미국 시계는
클락클락 소리를 내나요?

➕ o'clock(= of the clock의 축약형) 부 ~시 정각, 시각

0513 **clerk**
[klə:rk]

명 사무원, 점원

clerk는 시계(clock) 바늘처럼 바삐 움직이는
사무원/점원(clerk)을 뜻합니다.

0514 **volleyball**
[válibɔ̀:l]

명 배구

비치**발리볼** – 해변(beach)에서 즐기는 배구

0515 **beach**
[bi:tʃ]

명 해변, 바닷가

비치 타월 & 비치 의자 – 바닷가에서 이용하는 수건과 의자

"한 단어당 **10**초씩 읽어 보세요."

 목표 시간: 15분

 걸린 시간: 분

0516 low
[lou]

형 낮은

(킥복싱) **로우**킥 – 상대방 선수의 낮은 부위(다리 부분)를 가격하는 것. 로우킥 vs. 하이킥

➕ **below** 전 ~아래의 부 아래에

0517 allow
[əláu]

동 허용하다, 인정하다

무언가를 자유롭게 허용하려면 문턱을 낮춰야겠죠.
– allow는 모두(all)와 낮은(low)이 연관되어
허용하다/인정하다(allow)를 뜻합니다.

0518 grow
[grou]

동 성장하다, ~하게 되다

다양한 것들을 키우는 **그로우** 게임

➕ **grown-up** 명 어른

0519 grocery
[gróusəri]

명 식료, 잡화

농작물이 다 자라면(grow) **식료**(grocery)로 쓰이겠죠.

0520 bitter
[bítər]

형 쓴, 괴로운

bitter는 better와 모양은 매우 유사하지만 완전히 상반된 개념으로 **쓴/괴로운**(bitter)을 뜻해요.

0521 bit
[bit]

명 조금, 약간

음식이 엄청 쓰면(bitter) **조금**(bit) 먹겠죠.

쉽게 풀어낸 어원

플루(독감)는 사람 사이를 흘러 다니며 전염되죠.
flo 또는 **flu**는 <u>흐르다</u>는 뜻입니다.

0522 **flu**
[flu:]

명 독감, 유행성 감기
플루 백신 – 독감 백신

0523 **influenza**
[ìnfluénzə]

명 전염성 독감
조류 **인플루엔자**, 인플루엔자 백신

0524 **fluid**
[flúːid]

명 유동체 형 유동적인
fluid(**유동체**) 역시 flu(흐르다)에서 나온 말입니다.

0525 **influence**
[ínfluəns]

명 영향 동 영향을 미치다
나쁜 공기가 집 안에 흘러들어오면 건강에 안 좋은 영향을
끼치죠.
– 안(in)과 흐르다(flu)를 연관시키면
영향을 미치다(influence)가 됩니다.

0526 **fluent**
[flúːənt]

형 유창한, 달변인
물 흐르듯이(flu) **플루언트**한(유창한) 영어를 구사하다.

0527 **flow**
[flou]

명 흐름 동 흐르다
(경제 용어) 캐시 **플로** – 현금 흐름

0528 **float**
[flout]

동 떠다니다, 표류하다
태국에는 물 위를 떠다니는 **플로팅** 마켓(수상시장)이
있어요.

0529 **flood**
[flʌd]

명 홍수 동 물에 잠기다

물이 너무 많이 흐르면(flo) **홍수**(flood)가 나요.

0530 **explode**
[iksplóud]

함께 익혀요

동 폭발시키다, 폭발하다

홍수로 댐이 무너지면 난리가 나겠죠?
– explode는 밖(ex)과 홍수(plode→flood)가 합쳐져서
폭발시키다/폭발하다(explode)가 됩니다.

0531 **weight**
[weit]

명 무게

웨이트 트레이닝 – 무게가 나가는 기구를 이용해서
근육을 키우는 훈련

0532 **damage**
[dǽmidʒ]

명 손해, 손상 동 손상을 입히다

데미지를 입히다 – 손상을 입히다
데미지 케어 샴푸 – 손상된 머리카락을 위한 샴푸

0533 **boring**
[bɔ́:riŋ]

명 구멍 뚫기, 보링 형 지루하게 하는

건설현장의 **보링**(천공) 작업은 지루하고 힘들어요.

➕ bore 동 싫증나게 하다 bored 형 지루한, 싫증난
boredom 명 지루함

0534 **bomb**
[bam]

명 폭탄 동 폭격하다

가장 무시무시한 폭탄(bomb, **밤**)은 꿀밤

0535 **reach**
[ri:tʃ]

동 도달하다 명 범위, 능력

(권투 선수) **리치**가 길다 – 상대방에게 도달할 수 있는
팔의 길이가 길다

0536 peach
[piːtʃ]

명 복숭아

일본 **피치** 항공은 기내에서 복숭아(peach)를 주나요?

0537 whisker
[wískər]

명 구레나룻, 위스커

위스키(whiskey)를 많이 마시는 서양인들에게
구레나룻(whisker)이 더 많아요.

0538 bath
[bæθ]

명 목욕, 욕조

배스룸(bathroom) 클리너 – 욕실 세정제

➕ bathe 동 목욕하다   bathroom 명 욕실, 화장실

0539 bay
[bei]

명 만(灣), 후미

캐리비안 **베이**에 가서 배를 타요.

0540 pay
[pei]

동 지불하다(-paid-paid) 명 봉급

더치**페이**(Dutch pay) – (식사 후) 각자가 돈을 지불하는 것
(네덜란드(Dutch) 문화에서 유래, 올바른 영어 표현은
go Dutch, Dutch treat)

0541 ache
[eik]

명 통증 동 아프다

통증(ache, **에이크**)은 에이스 침대에서 자고 나면
깨끗이 사라질지도 몰라요.

➕ headache 명 두통, 골칫거리

0542 beauty
[bjúːti]

명 아름다움, 미 형 미용의

뷰티 용품 – 미용 용품
뷰티 & 더 비스트(Beauty & the Beast) – 미녀와 야수

➕ beautiful 형 아름다운

0543 deer
[diər]

명 사슴

존**디어**(John Deere)의 사슴 로고 – 존디어는 코카콜라와
더불어 미국인이 사랑하는 10대 브랜드
디어 후퍼 – 뉴질랜드 여행에서 먹는 사슴발굽 요리

0544
dear
[diər]

형 사랑스러운, 소중한, 친애하는, 값이 비싼
디어 프렌드(Dear Friend) – 소중한 친구에게(편지 앞부분에 많이 쓰는 표현)

0545
guide
[gaid]

명 안내자, 여행 가이드 동 안내하다
유럽 여행 **가이드**
가이드 북 – 안내하는 소책자

0546
turtle
[tə́ːrtl]

명 거북이
터틀넥 니트 – 마치 거북이처럼 목 부분이 긴 니트
닌자 터틀 – 닌자 거북이

쉽게 풀어낸 어원

포스(force)가 있다는 말은 힘이 있다는 뜻이고,
음악 용어 포르테(forte)는 힘을 줘서
세게 연주하라는 의미죠.
이처럼 **forc** 또는 **fort**는 **힘**을 뜻합니다.

0547
force
[fɔːrs]

명 힘, 무력 동 강요하다
에어**포스** – 공군
➕ enforce 동 강요하다, 실시하다

0548
effort
[éfərt]

명 노력
밖(e)으로 힘(fort)을 쓰는 **노력**(effort)

0549
comfort
[kʌ́mfərt]

명 편안, 위로 동 편안하게 하다, 위로하다
함께(com) 힘(fort)을 합해 노력해야 모두
편안(comfort)을 만끽할 수 있죠.
– 누구는 놀고 누구는 일하면 불만이 생기기 마련이니까요.
➕ comfortable 형 편안한, 안락한 uncomfortable 형 불편한

0550 **branch**
[bræntʃ]

명 나뭇가지, 지점, 지부
회사나 은행의 지점을 **브랜치**라고 하지요.
○○은행 강남역 브랜치

0551 **half**
[hæf]

명 반, 절반, 30분 형 절반의, 30분의
(축구) **하프** 라인 – 경기장을 반으로 나누어 한가운데에
그은 선, 하프 마라톤 – 절반 거리만 달리는 마라톤

0552 **find**
[faind]

동 찾다
패스**파인더**(pathfinder) – 길(path)을 찾는(find)
개척자

🔧 쉽게 풀어낸 어원

새 유니폼을 입고 폼 좀 잡아볼까요?
form은 **모양, 형태**를 뜻합니다.

0553 **form**
[fɔːrm]

명 모양, 형태 동 형성하다
➕ **former** 형 이전의, 과거의 → form이 생기기 전(前)

0554 **inform**
[infɔ́ːrm]

동 알리다
폼 안이 어떻게 생겼는지 알려줄게요.
– inform은 안(in)과 모양(form)이 합쳐져
알리다(inform)를 뜻합니다.
➕ **information** 명 정보, 지식 → 정보를 제공하는 인포메이션 센터

0555 **perform**
[pərfɔ́ːrm]

동 연주하다, 실행하다
악기를 **연주할**(perform) 때는 완벽한(per→perfect)
폼(form)으로 해야죠.
➕ **performance** 명 실행, 공연, 연주

0556 **hold**
[hould]

동 잡다, 개최하다(-held-held) 명 개최

컵홀더 – 컵을 잡아주는 장치
(농구) 홀딩(holding) 파울 – 상대방 선수를 양손으로
잡는 파울

0557 **bet**
[bet]

동 돈을 걸다, 내기하다(-bet-bet)

베팅 – 내기

0558 **hollow**
[hάlou]

형 속이 빈, 텅 빈, 공허한

구멍(hole)이 뚫린 것은 속이 **빈**(hollow) 것이죠.

➕ hole 명 구멍 → 블랙홀 – 우주에 뚫려있는 검은 구멍, 맨홀

0559 **let**
[let]

동 허용하다, ~을 시키다(-let-let)

Let me go. – 내가 가는 것을 **허락해주세요**.

0560 **bill**
[bil]

명 계산서, 청구서

빌 게이츠도 **계산서**(bill)를 꼼꼼히 확인할까요?

0561 **cancel**
[kǽnsəl]

동 취소하다

캔슬 차지(cancel charge) – (여행) 취소 수수료

0562 **temple**
[témpl]

명 절, 사원(寺院)

템플스테이 – 사원에 체류하기
낙산사 템플스테이

0563 **blind**
[blaind]

형 눈 먼

창문에 **블라인드**를 치면 밖이 안 보여요.

DAY 12

I wonder where they are.

저는 그들이 어디에 있는지 궁금해요.

((•)) Day12.mp3

0564

wild
[waild]

형 난폭한, 거친, 야생의

와일드한 성격 – 거친 성격

와일드 애니멀 – 야생 동물

0565

mild
[maild]

형 부드러운, 온화한

거친(wild)의 w를 거꾸로 뒤집어서 m으로 만들면 반대의
의미인 **부드러운/온화한**(mild)이 되지요.

0566

wonder
[wʌ́ndər]

명 불가사의, 놀라움   동 놀라다, 궁금해하다

원더우먼 – 불가사의한 여자

슈퍼맨 vs. 원더우먼

➕ wonderful 형 훌륭한, 멋진

0567

wander
[wάndər]

동 헤매다, 배회하다   명 방랑

슈퍼맨과 원더(wonder)우먼도 길을
헤맬까요(wander)?

0568

rent
[rent]

동 빌리다, 임차하다   명 임대료, 집세

렌트카 – 차를 빌리는 것

0569

lend
[lend]

동 빌려주다, 대여하다(-lent-lent)

렌드(lend – 빌려주다)는 렌트(rent – 빌리다)의 반대말

"한 단어당 **10**초씩 읽어 보세요."

 목표 시간: **15분**

 걸린 시간: **분**

0570

top
[tap]

⌐명⌐ 꼭대기, 정상, 최고

톱클래스 – 최고 등급
톱 텐 – 최상위 10위

0571

bottom
[bátəm]

⌐명⌐ 바닥, 기초

top을 거꾸로 뒤집으면 bot 모양이 되지요.
– bottom은 꼭대기(top)의 반대 개념인
바닥/기초(bottom)를 뜻합니다.

⚙ 쉽게 풀어낸 어원

'펀드 매니저' 혹은 '펀드 수익률'.
이때의 **fund**는 **기금, 자금**을 뜻합니다.

0572

fund
[fʌnd]

⌐명⌐ 기금, 자금   ⌐동⌐ 자금을 제공하다

펀드 매니저 – 자금 관리인, 적립식 펀드

⌐함께 익혀요⌐ fond ⌐형⌐ 좋아하는 → 누구나 자금(돈, fund)을 좋아하죠
(fond).

0573

refund
⌐명⌐ [rí:fʌnd] ⌐동⌐ [rifʌ́nd]

⌐명⌐ 환불, 반환금   ⌐동⌐ 환불하다

택스(tax) **리펀드** – 세금 환급
– 다시(re) 자금(fund)을 돌려주면
환불/반환금/환불하다(refund)가 되죠.

0574	**side** [said]	명 옆, 측면, 옆구리 통 편들다 (자동차) **사이드** 미러 – 자동차 옆쪽에 붙어 있는 거울 ⊕ beside 전 ~의 옆에 뷔 옆에, 곁에 　 besides 뷔 게다가, 더구나 전 ~이외에도
0575	**inside** [insáid]	전 ~의 내부에 뷔 안에, 안으로 명 안쪽 (축구) **인사이드** 킥 – 발 안쪽으로 공을 차는 기법
0576	**outside** [áutsaid]	전 ~의 외부에 뷔 밖에, 밖으로 명 바깥쪽 (축구) **아웃사이드** 킥 – 발 바깥쪽으로 공을 차는 기법
0577	**consider** [kənsídər]	통 숙고하다, 고려하다 뭔가를 **숙고할**(consider) 때는 한쪽만 보지 말고 옆(side)까지 함께(con) 보세요.

| 0578 | **blow**
[blou] | 명 타격 통 때리다, 바람이 불다
(권투) 바디 **블로** – 몸통을 타격하는 것 |
| 0579 | **bloom**
[blu:m] | 명 꽃 통 꽃이 피다
봄바람이 불면(blow) **꽃이 피죠**(bloom).
⊕ blossom 명 꽃 통 꽃을 피우다 |

| 0580 | **pot**
[pat] | 명 단지, 항아리
커피**포트**, 전기 포트 |
| 0581 | **bottle**
[bátl] | 명 병, 젖병
커다란 항아리(pot)의 p를 뒤집어서 만든 자그마한
병/젖병(bottle) |

0582

room
[ru:m]

명 방, 공간

원룸 – 방 한 칸

룸서비스 – 호텔의 객실로 음료, 식사 등을 보내주는
서비스

0583

mushroom
[mʌʃru:m]

명 버섯

(난센스) 세상에서 가장 작은 방(room)은
버섯(mushroom)?

쉽게 풀어낸 어원

다양한 음식을 섞어서 만든 것을
퓨전(fusion) 음식이라고 하죠.
fuse는 녹다, 붓다라는 뜻이에요.

0584

fuse
[fju:z]

동 녹다, 녹이다, 융합하다 명 전기 퓨즈

전기 **퓨즈**, 자동차 퓨즈
비바람이 몰아쳐서 퓨즈가 나갔어요.

0585

confuse
[kənfjú:z]

동 혼동하다, 혼란시키다

전기 퓨즈가 다 같이 녹으면 불이 나가고 혼란스러워지죠.
– confuse는 다 같이(con)와 녹다(fuse)가 결합되어
혼동하다/혼란시키다(confuse)를 의미합니다.

0586

refuse
[rifjú:z]

동 거절하다

물을 다시 퍼부으며 거절하는 상황 연상
– 다시(re)와 붓다(fuse)가 합쳐져서
거절하다(refuse)가 되지요.

➕ refusal 명 거절

0587 **block**
[blak]

동 막다, 봉쇄하다 명 구역, 건축용 블록

자외선을 막아주는 선**블록**

배구공이 넘어오지 못하게 막는 블로킹

0588 **brick**
[brik]

명 벽돌

건축용 블록(block)보다 작은 **벽돌**(brick)

0589 **lake**
[leik]

명 호수

(미국 유타) 솔트 **레이크** – 소금 호수

함께 익혀요 salt 명 소금 → 허브맛 솔트 – 허브맛 소금

0590 **leak**
[li:k]

동 새어 나오다, 누설하다 명 새는 구멍

호수(lake)의 물이 졸졸 **새어 나오다**(leak)

0591 **have**
[həv]

동 ~을 가지고 있다, 소유하다

I have a dog. – 나는 개 한 마리를 **가지고** 있다.

0592 **harvest**
[há:rvist]

명 수확 동 거두어들이다

수확기는 농작물을 가장 많이 갖게 되는 풍요로운 계절
– 가지다(have)에 최상급 접미사(est)를 붙이면
수확하다(harvest)가 되죠.

0593 **ring**
[riŋ]

명 반지, 전화를 거는 것 동 울리다

커플링 – 연인들이 끼는 반지

0594 **bring**
[briŋ]

동 데려오다, 가지고 오다(-brought-brought)

요즘은 식당에서 진동 벨이 부르르~ 울리면(ring) 주문한
음식을 **가져오지요**(bring).

0595
virtue
[və́:rtʃuː]

명 미덕, 장점

미국에서 시작된 **버츄**(virtue) 프로젝트는 전 세계
90개국에 미덕(美德)을 전파했죠.

 쉽게 풀어낸 어원

성별을 뜻하는 젠더(gender),
동력을 만들어내는 엔진(engine)에서
gen은 **낳다** 또는 **유전**을 뜻합니다.

0596
engine
[éndʒin]

명 엔진

엔진 오일, 로켓 엔진

➕ engineer 명 엔지니어, 기관사, 기사

0597
general
[dʒénərəl]

형 일반적인 명 장군

제너럴 호스피틀 – 종합병원(일반적인 병원),
모든 것을 낳을 수 있다면 일반적인 것이겠죠.
– 낳다(gen)와 모두(all)를 연관 지으면
일반적인/장군(general)이 되지요.

➕ generous 형 관대한, 후한 → 일반적인(general) 것은
까다롭지 않고 관대하죠(generous).

0598
funeral
[fjúːnərəl]

함께 익혀요
명 장례식 형 장례의

모든 사람은 언젠가 죽기에 **장례식**(funeral)은
일반적인(general) 행사라고 할 수 있겠죠.

0599
genius
[dʒíːnjəs]

명 천재, 귀재

천재는 우리들(us) 가운데서 탄생하나요? 혹시 나?
– 낳다(gen)와 우리들(us)을 연관 지으면
천재(genius)가 됩니다.

0600

lamb
[læm]

圀 어린 양, 양고기

어린 양(lamb)이 길을 잃고 헤매면 램프(lamp)를 비춰 안내해주세요.

0601

shepherd
[ʃépərd]

圀 양치기, 목자 圐 안내하다

양치기 개를 **셰퍼드**라고 해요.

➕ sheep 圀 양

0602

blanket
[blǽŋkit]

圀 담요, 모포, 덮개 圐 ~을 덮다

블랭킷 에어리어 – '담요에 쌓인 지역'이라는 뜻으로 방송이 들리지 않는 곳

 쉽게 풀어낸 어원

선글라스(sunglasses)에 햇살이 비치면 반짝반짝 빛이 나죠.
gla, gli 또는 **glo**가 들어가는 단어들은
빛과 관련이 있어요.

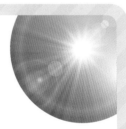

0603

glass
[glæs]

圀 유리, 잔

유리잔을 **글라스**잔이라고 하죠.

0604

sunglasses
[sʌ́nglæ̀siz]

圀 선글라스

햇빛을 막아주는 **선글라스**

0605

glory
[glɔ́:ri]

圀 영광 圐 찬미하다

모닝 **글로리** 문구는 반짝이나요?
– glory는 glo(빛나다)에서 유래하여 영광/찬미하다
(glory)를 뜻합니다.

➕ glorious 圐 영광스러운, 명예로운

0606

blood
[blʌd]

명 피, 혈액

블러드 타입(blood type) – 혈액형

0607

bless
[bles]

동 축복하다

에이브러햄 링컨의 명언 God bless America!
– 신께서 미국을 **축복할지어다**!

0608

both
[bouθ]

형 둘 다의 대 부 둘 다

보스(boss)에겐 리더십과 카리스마 **둘 다**(both)
필요해요.

함께 익혀요 **boss** 명 우두머리, 사장, 보스

0609

goat
[gout]

명 염소

보트(boat) 타는 염소(goat, **고트**)
고트 치즈 – 염소 치즈

0610

booth
[bu:θ]

명 전시장, 매점, 공중전화 박스

전시장에 있는 수많은 홍보 **부스**

0611

behave
[bihéiv]

동 (예의 바르게) 행동하다, 처신하다

영어에서 be동사와 have동사는 가장 많이 쓰이는 동사이니
대표 동사답게 예의 바르게 **행동하죠**(behave).

➕ **behavior** 명 행위, 태도(= behaviour)

0612

break
[breik]

동 부수다, 침입하다, 고장 내다(-broke-broken)
명 휴식 시간

브레이크 댄스 – 뼈를 부수듯이(뼈가 꺾어지게) 추는 춤
(포켓볼) 브레이크 – 게임을 시작할 때 모여 있는 공을
부수듯이 흩어지게 하는 것

0613

fasten
[fǽsn]

동 묶다, 고정하다

차가 빠른(fast) 속도로 달리면 몸을 안전벨트로
고정해야겠죠(fasten)?

➕ **fast** 형 빠른, 고정된

DAY 13

We are in the third grade.

우리는 3학년이에요.

 Day13.mp3

쉽게 풀어낸 어원

영어 실력을 업그레이드(upgrade)시키고 싶으세요?
grad는 **계단**을 뜻합니다.

0614 **grade**
[greid]

명 등급, 정도, 학년
학년은 한 계단(grade)씩 차곡차곡 올리가는 깃이지요.

0615 **upgrade**
[ʌ́pgrèid]

명 업그레이드, 오르막길, 향상 동 승급시키다
한 단계 **업그레이드**

0616 **graduate**
명형 [grǽdʒuət]
동 [grǽdʒuèit]

명 졸업생 형 대학원생의 동 졸업하다
학문의 계단(grade)을 다 올라가면
졸업하죠(graduate).
➕ **graduation** 명 졸업, 졸업식

0617 **business**
[bíznis]

명 사업
비즈니스맨 – 사업가

0618 **busy**
[bízi]

형 바쁜
비즈니스(business, 사업) 하는 사람은 늘
바빠요(busy).

112

"한 단어당 **10초**씩 읽어 보세요."

 목표 시간: **15분**

 걸린 시간: 분

0619
buy
[bai]

동 사다

해외 **바이어**(buyer) – 물건을 사러 외국에서 온 무역업자

0620
borrow
[bárou]

동 빌려오다

돈 주고 사는(buy) 게 좋으세요, 아니면 공짜로 **빌리는**(borrow) 게 좋으세요?

0621
case
[keis]

명 상자, 경우, 소송 사건

아주 드문 **케이스** – 아주 드문 경우

➕ **suitcase** 명 서류 가방

0622
cage
[keidʒ]

명 새장, 우리

상자(case) 안에 물건을 담듯이 **새장**(cage) 안에 새를 넣어 키우지요.

0623
cart
[ka:rt]

명 손수레, 짐수레

마트 **카트**, 쇼핑 카트

0624
carpenter
[ká:rpəntər]

명 목수

나무를 잘라 수레(cart)를 만드는 **목수**(carpenter)

0625 broadcast
[brɔ́:dkæ̀st]

명 방송 동 방송하다

방송국
KBS는 Korea Broadcasting System의 약자

0626 broad
[brɔ:d]

형 넓은

(뉴욕 맨해튼) **브로드**웨이는 엄청 넓은 길이죠.

 쉽게 풀어낸 어원

미국의 그랜드캐니언은 매우 웅장한 협곡이죠.
그랜드피아노는 아주 큰 피아노이고요.
grand는 **크다**라는 뜻이에요.

0627 grand
[grænd]

형 장대한, 훌륭한

백화점 (매장) **그랜드** 오픈

GRAND OPENING

0628 grandeur
[grǽndʒər]

명 장려, 화려, 위엄

그랜저 자동차
– grand(크다)에서 파생한 장려/화려/위엄(grandeur)

0629 grandma
[grǽndmɑ̀:]

명 할머니(= grandmother)
➕ **grandpa** 명 할아버지(= grandfather)

0630 grammar
[grǽmər]

함께 익혀요
명 문법

할머니(grandma)는 **문법**(grammar)을 잘 아시겠네요.
둘의 발음이 비슷하니까요.

0631

engage
[ingéidʒ]

동 약혼하다, 약속하다, 속박하다
새가 새장(cage)에 갇히듯이 **약혼하면**(engage)
속박 받는 느낌이 들 거예요.

0632

occasion
[əkéiʒən]

명 기회, 경우
occasion은 오~(O~)와 상자(cas→case)가 합쳐져
기회/경우(occasion)를 뜻합니다.

➕ **occasionally** 분 때때로, 가끔

0633

bull
[bul]

명 황소
불독(bulldog) – 황소와 싸울 만큼 용감한 개
불도저(bulldozer) – 황소처럼 힘이 좋은 건설 장비

0634

dull
[dʌl]

형 단조로운, 재미없는, 우둔한
황소(bull)의 되새김질은 **단조로운**(dull) 것이죠.

0635

bullet
[búlit]

명 총알
황소(bull)의 뿔도 **총알**(bullet)만큼 위험하죠.

0636

belt
[belt]

명 허리띠, 지대(地帶)
안전**벨트**, 챔피언 벨트

0637

envelope
[énvəlòup]

명 봉투, 싸는 것
벨트(belt)가 허리를 감싸듯 **봉투**(envelope)는 물건을
감싸요.

함께 익혀요 **environment** 명 환경 → 봉투(envelope)처럼 우리를
감싸고 있는 주위 환경(environment)

0638

bakery
[béikəri]

명 제과점, 빵집

베이커리 재료 – 제빵 재료

➕ bake 통 빵을 굽다, 익히다

0639

risk
[risk]

명 위험 통 위험을 무릅쓰다

리스크 관리 – 위험 관리

리스크 최소화

0640

bubble
[bʌbl]

명 거품, 버블

부동산 **버블** – 부동산 거품(부동산 투기로 부동산 가격이 상승하는 현상), 거품이 잘 생기는 버블 치약

0641

bug
[bʌg]

명 곤충, 병원균

(컴퓨터) **버그** – 프로그램 오작동(컴퓨터의 오작동을 유발한 벌레(모기)를 찾아낸 데서 유래)

0642

hug
[hʌg]

통 껴안다, 끌어안다

인사 대신 포옹하는 **허그**

함께 익혀요 shrug 통 어깨를 으쓱하다 → 처음으로 허그(hug)하고 나면 쑥스러워서 어깨를 으쓱하게(shrug) 되요.

0643

huge
[hju:dʒ]

형 거대한

일본 후지 산은 **거대한**(huge) 산이죠.

0644

castle
[kǽsl]

명 성

이름에 **캐슬**이 들어가는 아파트는 성(castle)처럼 튼튼하겠죠?

0645

burn
[bə:rn]

통 불타다, 태우다, 굽다

버너에 스테이크를 굽다

에코 버너 – 친환경 버너

0646

brave
[breiv]

형 용감한

용감한(brave) 사람을 보면 브라보(bravo)를 외치세요.

➕ bravery 명 용기 **함께 익혀요** bravo 캄 브라보, 잘한다

쉽게 풀어낸 어원

비행기의 제트 엔진은 엄청난 괴력이 있어요.
ject 또는 **jet**는
분출하다, 던지다를 뜻하지요.

0647

jet
[dʒet]

명 분출, 사출

제트 스키, 오토바이 제트 엔진

0648

project
명 [prάdʒekt] 동 [prədʒékt]

명 프로젝트, 연구과제, 사업 동 계획하다

화성 탐사 **프로젝트**

0649

reject
[ridʒékt]

동 거절하다, 거부하다

거절할 때는 뒤로(re) 생각을 해보는(던져보는) 상황 연상
– 뒤로(re)와 분출하다(ject)가 결합되어
거절하다/거부하다(reject)가 됩니다.

0650

subject
[sΛbdʒikt]

명 신하, 복종, 제목 형 지배받는

신하는 왕 아래에 던져진 사람
– 아래(sub→subway 연상)와 던지다(ject)가
합쳐지면 **신하/복종/제목/지배받는**(subject)
이 됩니다.

0651

object
명 [άbdʒikt] 동 [əbdʒékt]

명 목적, 대상 동 반대하다

목표는 잘 보이도록 위쪽에 걸어 두어야죠.
– 위에(ob→over)와 던지다(ject)가 결합되어
목적/대상/반대하다(object)가 됩니다.
➕ **objection** 명 반대

bury
0652
[béri]

통 파묻다, 매장하다
상한 블루베리는 **파묻어**(bury) 버리세요.
➕ burial 명 매장

bush
0653
[buʃ]

명 덤불
아프리카 보츠와나의 산족 **부시**맨(Bushman)은
'덤불 속에 사는 사람'이라는 뜻이에요.

lantern
0654
[læntərn]

명 랜턴, 초롱불, 등
휴대용 **랜턴**, 충전식 랜턴, 랜턴 배터리

 쉽게 풀어낸 어원

법과 정의의 신 제우스에서 유래한
jus 또는 **jur**는
법, 정의, 정당한을 뜻합니다.

justice
0655
[dʒʌ́stis]

명 정의
jus(정의)에서 유래한 justice는 **정의**(justice)를 뜻하죠.
➕ just 형 공정한, 정확한 부 단지

injure
0656
[índʒər]

통 상처 입히다, 손상시키다
부정의 의미(in)와 법(jur)이 결합하여 (불법적으로)
상처 입히다/손상시키다(injure)가 됩니다.
➕ injury 명 상해, 손상 → (축구) 인저리 타임 – 부상 치료로
소비한 시간만큼의 연장 시간

judge
0657
[dʒʌ́dʒ]

명 재판관 통 판단하다
정의(jur)를 수호하고 범죄를 저지(沮止)하는 사람이
재판관(judge)이죠.

0658
negative
[négətiv]

형 부정적인

중학생이라면 no의 유의어인 negative도 알아두세요.

0659
carrier
[kǽriər]

명 나르는 것

여행 갈 때는 **캐리어**(여행 가방)를 잘 챙기세요.
기내용 캐리어 – 비행기에 갖고 타는 여행 가방

➕ carry 동 나르다, 운반하다

0660
carve
[ka:rv]

동 조각하다

부드러운 곡선(curve)을 살려서 **조각하다**(carve)

함께 익혀요 curve 명 커브, 곡선 동 구부리다

0661
triumph
[tráiəmf]

명 승리 동 승리하다

우승 트로피(trophy)를 받았다면 경기에서
승리한(triumph) 것이겠죠.

0662
seal
[si:l]

동 봉하다 명 봉인, 도장

크리스마스**씰**
– 우편물에 붙여서 봉하는 씰(seal)

함께 익혀요 ceiling 명 천장, 상한선, 최고한도 → 비가 새지 않도록
집을 봉인(ceil→seal)하는 천장(ceiling)

0663
celebrate
[séləbrèit]

동 축하하다

셀폰(스마트폰)으로 쉽게 검색되는 유명인사로 등극했다면
축하해주세요(celebrate).

➕ celebration 명 기념, 축하

0664
rare
[rɛər]

형 드문, 진귀한

대머리인 사람은 머리칼(hair)이 **드물죠**(rare).

0665
scale
[skeil]

명 규모, 기분, 눈금, 비늘, 저울

스케일이 크다 – 규모가 크다

DAY 14

The police chased the thief.

경찰이 도둑을 뒤쫓았습니다.

 Day14.mp3

0666 **change**
[tʃéindʒ]

동 바꾸다　명 교체, 변화, 잔돈

선수 **체인지** – 선수 교체, 자동차 기어 체인지

0667 **exchange**
[ikstʃéindʒ]

동 교환하다　명 교환

exchange는 change(바꾸다)에서 유래하여
교환하다/교환(exchange)을 뜻합니다.

0668 **race**
[reis]

명 경주, 인종, 민족

카 **레이스** – 자동차 경주
카레이서 – 자동차 경주를 직업으로 하는 사람

함께 익혀요 **marathon** 명 마라톤

0669 **chase**
[tʃeis]

동 ~을 쫓아가다, 추적하다

chase는 race(경주)에서 유래하여
~을 쫓아가다(chase)를 뜻하지요.

0670 **cheat**
[tʃiːt]

동 속이다, 부정행위를 하다

치팅 – 속임수
치사하게 속이다(cheat)

0671 **cunning**
[kʌ́niŋ]

형 교활한, 간사한

시험 중에 **커닝**을 하는 것은 간사한(cunning) 행위
(참고로 시험 중의 부정행위를 일컫는 영어 표현은 커닝이
아니라 **치팅**(cheating)이랍니다.)

"한 단어당 **10초**씩 읽어 보세요."

 목표 시간: 15분

 걸린 시간: 분

0672

push
[puʃ]

동 밀다 명 밀기

푸시 하지 마 – 밀어붙이지 마
푸시 버튼 – 누름단추

➕ **push-up** 명 팔굽혀펴기, 푸시업 운동

0673

pull
[pul]

동 당기다, 잡아당기다 명 당기기

푸시 vs. **풀** – 밀기 vs. 당기기
푸시풀 스위치 – 누르거나 잡아당겨서 작동시키는 스위치

0674

choice
[tʃɔis]

명 선택, 선택권

굿 **초이스** – 좋은 선택

0675

choose
[tʃuːz]

동 선택하다(-chose -chosen)

choose는 choice(선택)의 동사형

0676

city
[síti]

명 도시

(여행) **시티** 투어, 시티 라이프 – 도시 생활

➕ **city hall** 명 시청 → 시티홀

0677

citizen
[sítəzən]

명 시민

인터넷 시민을 네티즌이라고 하죠.
– 네티즌(netizen)은 인터넷(net)과 **시민**(citizen)의
합성어예요.

➕ **civil** 형 시민의, 민간의 **civilian** 명 일반인, 민간인

0678 sponsor
[spánsər]

몡 후원자, 보증인
올림픽 **스폰서**
이 행사는 스폰서 기업이 후원해 주었어요.

0679 respond
[rispánd]

통 응답하다, 반응하다
스폰서(sponsor)는 도움이 필요한 곳에
응답(respond)을 하죠.
➕ response 몡 응답, 반응

0680 responsible
[rispánsəbl]

혱 책임 있는
스폰서(sponsor)가 되면 재정적으로 밀어줄
책임이 있지요(responsible).
➕ responsibility 몡 책임

0681 player
[pléiər]

몡 선수, 플레이어
스타**플레이어**
➕ play 통 놀다, 연주하다 몡 연극

0682 prairie
[préəri]

몡 대초원
동물이 뛰어 노는(play) **대초원**(prairie)

0683 pray
[prei]

통 빌다, 기도하다
놀(play) 때는 신나게 **기도할**(pray) 때는 경건하게

0684 employ
[implói]

통 고용하다, 근무하다
맨날 play만 하지 말고 일해 볼까요?
– employ는 부정의 접두어(em→im)와
놀다(ploy→play)가 결합하여 놀지 않다,
즉 **고용하다/근무하다**(employ)를 뜻합니다.
➕ employer 몡 고용주 employee 몡 종업원
unemployment 몡 실업

0685
crown
[kraun]

명 왕관, 왕권

트리플 **크라운**(Triple Crown)은 한 선수나 팀이 3개 대회에서 우승하는 경우를 말하지요.

0686
clown
[klaun]

명 어릿광대, 시골뜨기

clown은 왕관(crown)을 쓴 임금님 앞에서 익살을 부리는 **어릿광대**(clown)를 뜻해요.

 **쉽게 풀어낸 어원**

미술품 컬렉션, 화폐 컬렉션(collection).
lect가 포함된 단어는 **고르다**와 관련이 깊습니다.

0687
collection
[kəlékʃən]

명 모음, 수집

우표 **컬렉션**, 동전 컬렉션

➕ **collect** 동 모으다, 수집하다

0688
select
[silékt]

동 고르다, 선택하다

쇼핑할 때 선택한 물건은 구분해서 장바구니에 담지요.
– 구분(se→섹션신문 연상)과 고르다(lect)가 합쳐져
선택하다(select)가 되지요.

0689
lecture
[léktʃər]

명 강의 동 강의하다

교수님은 아는 게 참 많으시죠?
– 수많은 이론 중에서 고르고(lect) 추려낸 **강의**(lecture)

0690
elect
[ilékt]

동 선거하다

선거는 대표자를 골라내는 것
– 밖(e)과 고르다(lect)가 결합되어 **선거하다**(elect)가
됩니다.

➕ **election** 명 선거

0691

command
[kəmǽnd]

동 명령하다, 지휘하다, 언어를 구사하다　명 명령

'특공대원'을 의미하는 코만도 들어보셨어요?
– 특공대원(commando)은 사령관의 명령(command)을 수행하죠.

0692

demand
[dimǽnd]

동 요구하다　명 수요, 요구

명령(command)보다 아래로(de) 한 단계 약하게 말하면
요구(demand)가 될 수 있겠네요.

0693

goal
[goul]

명 골, 목표

(축구) 슛~ **골**. 축구 골대

0694

ceremony
[sérəmòuni]

명 의식, 의례

골 **세리모니**. 오프닝 세리모니 – 개업식

0695

coal
[koul]

명 석탄

석탄(coal)을 캐낸 동굴에 들어간 골(goal)

0696

chalk
[tʃɔːk]

명 분필

알록달록한 **분필**(chalk)에 초콜릿(초코→ 초크) 색깔도
있나요?

0697

charge
[tʃɑːrdʒ]

명 충전, 요금, 비난　동 요금을 부과하다, 비난하다

배터리 **차지** – 배터리 충전
(호텔) 싱글룸 차지 – 1인실 요금

0698

chest
[tʃest]

명 남자의 가슴, 상자

(농구) **체스트** 패스 – 공을 가슴에서 밀어내듯이 하는
패스

0699 hill
[hil]

명 언덕, 야산

워커**힐**은 한국전쟁에 참전했던 워커 장군을 기리기 위하여 '워커의 언덕-워커 힐(Walker Hill)'으로 불린 데서 유래했어요.

0700 chimney
[tʃímni]

명 굴뚝

바늘 침(針)처럼 뾰족한 **굴뚝**(chimney)

0701 develop
[divéləp]

동 개발하다, 발달하다

평균적인 레벨(level)보다 아래로(de) 떨어진 것은 **개발**(develop)해야죠.

함께 익혀요 level 명 수준, 정도 → 레벨이 높다 - 수준이 높다, 상위 레벨

0702 clever
[klévər]

형 영리한

이집트의 클레오파트라는 **영리한**(clever) 여왕이었죠.

쉽게 풀어낸 어원

육상경기의 골라인은 도착 지점에 그어놓은 선을 말해요. **line**은 **선, 줄**을 뜻합니다.

0703 line
[lain]

명 선, 끈

라인을 진하게 그리다

0704 outline
[áutlàin]

명 외형, 윤곽

밖(out)과 선(line)이 연결되면 물건의 테두리에 그어진 **외형/윤곽**(outline)이 되죠.

0705
become
[bikám]

통 ~이 되다, 어울리다(-became-become)

He became a doctor. – 그는 의사가 **되었다**.

0706
comb
[koum]

명 (일자형) 빗, 빗질 통 빗질하다

머리를 **빗질하기**(comb) 위해 큰 거울 앞에 옵니다(come).

0707
control
[kəntróul]

명 통제, 제어 통 통제하다, 관리하다

마인드 **컨트롤** – 마음의 통제

(항공) 컨트롤 타워(비행기 이착륙을 통제하는 관제탑)

0708
patient
[péiʃənt]

명 환자 형 참을 수 있는

페이션트 제로는 최초 감염자(최초의 환자)를 뜻해요.

➕ patience 명 인내 → 환자는 아픔을 참지요.

 쉽게 풀어낸 어원

TV 드라마나 영화 촬영 시 현지 로케를 했다고 하면 특정한 장소에 가서 촬영했다는 뜻이죠.

loca는 **장소, 자리**를 뜻해요.

0709
location
[loukéiʃən]

명 장소, 위치

➕ locate 통 ~에 위치하다

0710
local
[lóukəl]

형 장소의, 현지의, 지역의

로컬 푸드 – 현지 음식

0711
cousin
[kʌzn]

몡 사촌

몇 년 사이에 키가 훌쩍 커진 **사촌**(cousin, 커즌)

함께익혀요 nephew 몡 조카 → 네팔 사는 조카(nephew, 네퓨)
niece 몡 질녀, 조카딸 → 니스칠 하는 조카딸(niece, 니스)

0712
seat
[siːt]

몡 좌석, 장소 동 앉히다

(자동차) **시트**커버 – 좌석 커버, 온열 시트

0713
sheet
[ʃiːt]

몡 종이 한 장, (침대 등의) 시트

시트 벽지 – 종이 벽지, 침대 시트

0714
court
[kɔːrt]

몡 경기장, 법정, 궁정

농구 **코트**, 테니스 코트

0715
sunny
[sʌ́ni]

혱 양지바른, 밝은

한쪽만 익힌 달걀 프라이를
서니 사이드 업(Sunny Side-up)이라고 하죠.

➕ sunlight 몡 햇빛, 일광 sunrise 몡 해돋이, 일출
sunset 몡 일몰 → 선라이즈 vs. 선셋

0716
solar
[sóulər]

혱 태양의, 태양에 관한

솔라 에너지 – 태양 에너지
이탈리아 노래 〈오솔레미오〉는 '오 나의 태양(solar)'이라는
뜻이죠.

0717
cartoon
[kaːrtúːn]

몡 만화, 카툰

웹툰 – 인터넷을 뜻하는 웹(web)과 만화를 뜻하는
카툰(cartoon)이 합쳐져 만들어진 말

0718
chat
[tʃæt]

동 잡담하다, 채팅하다

인터넷 **채팅**

DAY 15

He didn't accept my apology.

그는 제 사과를 받아주지 않았어요.

🔊 Day15.mp3

0719 **horn**
[hɔːrn]

몡 뿔, 자동차 경적

악기 **호른**은 맨 처음에는 동물의 뿔(horn)로
만들어졌다고 해요.

0720 **honest**
[ánist]

톙 정직한

정직한(honest) 사람은 무소의 뿔(hone→horn)처럼
혼자서도 우직하죠.

➕ **honesty** 몡 정직 **dishonest** 톙 부정직한

 쉽게 풀어낸 어원

책의 머리말은 프롤로그(prologue),
책의 맺음말은 에필로그(epilogue)라고 하죠.
이때의 **log**는 **말, 학문**을 뜻합니다.

log log

0721 **dialog**
[dáiəlɔːg]

몡 대화(= dialogue)

친구랑 전화로 대화(dialog)하려면 일단 전화
다이얼(dial)을 누르세요.

0722 **apology**
[əpálədʒi]

함께 익혀요
몡 사과, 변명

아폴로(Apollo) 눈병을 옮겼으니 사과(apology)
할까요?

"한 단어당 10초씩 읽어 보세요."

목표 시간: 15분

걸린 시간: 분

0723
cookie
[kúki]

명 쿠키(= cookey), 과자
버터 **쿠키**. 쿠키 만들기

0724
cook
[kuk]

명 요리사 통 요리하다
요리사가 등장하는 TV **쿡**방(요리 방송)
➕ cooker 명 요리기구 → 주방용 쿠커

0725
since
[sins]

부 그 이후 죽 전 ~이래로 접 ~때문에, ~한 후에
since then – 그때 **이래로**

0726
sincere
[sinsíər]

형 성실한, 진지한
그때 이래로(since) 늘 **성실한**(sincere) 삶을 살았어요.

0727
easy
[íːzi]

형 쉬운
이지 TV, 이지 게스트 하우스, 이지 팬츠에서처럼 사용하기
쉬운(easy) 제품에 '이지'라는 표현이 자주 쓰여요.
➕ ease 명 편함, 용이함

0728
disease
[dizíːz]

명 질병
disease는 벗어나(dis)와 편안함(ease)이 결합되어
질병(disease)을 뜻해요.

쉽게 풀어낸 어원

롱패스, 롱스커트에서 **long**은 **긴**을 뜻하지요.

0729 **long**
[lɔːŋ]

형 긴 동 동경하다, 갈망하다
사랑하는 사람을 **갈망하느라**(long) 목이 빠지겠군요
(길어지겠군요).
➕ **along** 전 ~을 따라서, ~와 함께 부 함께

0730 **belong**
[bilɔ́ːŋ]

동 ~에 소속되다, ~의 소유이다(to)
주인 없는 물건을 오래(long) 갖고 있으면 자기
소유(belong)가 되나요?
➕ **belongings** 명 소지품, 소유물

0731 **crab**
[kræb]

명 게, 게살
킹 **크랩**

0732 **grab**
[græb]

동 움켜잡다
다리가 10개나 있는 게(crab)는 **움켜잡는**(grab)
힘이 세겠죠?

0733 **drop**
[drap]

동 떨어지다 명 방울
자이로**드롭** – 높은 곳에서 중력의 힘으로 빠른 속도로
낙하하는 놀이 기구, 워터드롭 – 물방울(낙하)

0734 **crop**
[krap]

명 농작물, 수확
다 익으면 바닥으로 떨어지는(drop) **농작물**(crop)

0735 **rule**
[ru:l]

통 통치하다, 지배하다 명 규칙

룰을 지켜라, 게임 룰, 야구 룰

➕ **ruler** 명 지배자, 자

0736 **cruel**
[krúːəl]

형 잔인한, 혹독한

cruel은 미친(crazy)과 규칙(ruel→rule)이 합쳐져

잔인한/혹독한(cruel)을 뜻합니다.

함께 익혀요 **crazy** 형 미친 → 크레이지하다, 크레이지한 녀석

0737 **crust**
[krʌst]

명 (빵의) 껍질, 딱딱한 표면

고구마 **크러스트** 피자, 치즈 크러스트 피자

0738 **rust**
[rʌst]

명 녹 통 녹슬다, 부식시키다

노르스름한 크러스트(crust)처럼 쇠도 누런 **녹**(rust)이
슬지요.

0739 **thrust**
[θrʌst]

통 쑤셔 넣다, 밀치다

기계의 부품이 녹슬었으면(rust) 기름칠을 해서 제자리에

밀어 넣어야(thrust) 제 기능을 하죠.

0740 **dust**
[dʌst]

명 먼지

더스트팬(dustpan) – 쓰레받기(먼지를 담는 도구)

0741 **industry**
[índəstri]

명 근면, 산업

먼지(dust)가 자욱하도록 열심히 일하면

근면한(industry) 거죠.

➕ **industrious** 형 근면한 **industrial** 형 산업의

0742

true
[truː]

형 진실의, 참된

한국전쟁 때 도움을 준 미 대통령 해리 **트루**먼(Truman)은 진실한(true) 대통령이었나요?

★ 잠깐 상식 해리 트루먼 대통령은 고등학교밖에 졸업하지 못했지만 세계 최강국인 미국의 제33대 대통령이 되었지요.

0743

trust
[trʌst]

명 신뢰, 신용 동 믿다

재산의 관리 및 처분을 믿고 맡기는 신탁(信託)을 **트러스트**(trust)라고 해요.

0744

smoke
[smouk]

동 담배를 피우다 명 흡연, 연기

노 **스모킹**(No Smoking) – 흡연 금지
(요리) **스모크** 치킨 – 훈제 치킨

0745

smog
[smag]

명 **스모그**(smoke와 fog의 합성어), 연무

뿌연 **스모그** 현상, 스모그가 심할 땐 마스크를 착용하세요.

함께 익혀요 fog 명 안개 foggy 형 안개가 낀, 막연한

0746

personal
[pə́rsənl]

형 개인의

퍼스널 컴퓨터(PC) – 개인용 컴퓨터
(농구) 퍼스널 파울 – 개인에게 적용되는 파울

➕ person 명 사람

0747

concern
[kənsə́ːrn]

명 관심, 걱정 동 관련짓다, 염려하다

부모는 함께(con) 낳은 아들(cern→son)에게 사랑과 **관심**(concern)을 쏟죠.

➕ concerning 전 ~에 관하여

0748

corn
[kɔːrn]

명 옥수수, 곡물

팝**콘**은 옥수수를 튀겨서 만들죠.
콘플레이크 – 옥수수로 만든 과자

0749

corner
[kɔ́:rnər]

® 코너, 구석, 모퉁이

(축구) **코너**킥 – 축구장 구석에서 차는 킥

마트의 상품 코너

0750

charming
[tʃɑ́:rmiŋ]

® 매력적인, 애교 있는

차밍하다 – 매력적이다

0751

rid
[rid]

® 제거하다, 없애다(-rid-rid)

I will rid the bacteria. – 나는 박테리아를 **없앨** 것이다.

 쉽게 풀어낸 어원

미국 프로야구에서 가장 중요한 리그는 메이저리그죠.
이때의 **maj**는 **커다란, 중요한**을 뜻합니다.

0752

major
[méidʒər]

® 중요한, 주요한 ® 전공하다

➕ majority ® 다수, 대부분

0753

mayor
[méiər]

함께 익혀요

® 시장

도시에서 가장 중요한(major) 인물은 **시장**(mayor)

0754

minor
[máinər]

함께 익혀요

® 소수의, 사소한 ® 미성년자

미국 프로야구의 2부 리그를 **마이너**리그라고 하죠.

➕ minority ® 소수, 소수 민족

| 0755 | **enough**
[inʌf] | 형 충분한
안에(en→in) 계속 집어넣으면 **충분한**(enough) 양이
되죠. |

| 0756 | **country**
[kʌntri] | 명 나라, 시골
컨트리 음악은 미국 농촌에서 유래한 대중음악이에요.
➕ countryside 명 시골 |

| 0757 | **interesting**
[íntərəstiŋ] | 형 재미있는, 흥미로운
인터레스팅하다 – 재미있다
➕ interest 명 취미, 관심, 이자, 이익 |

 쉽게 풀어낸 어원

메디컬 드라마(의학 드라마), 메디컬 테스트의
med는 **의학**을 뜻하지요.

| 0758 | **medical**
[médikəl] | 형 의학의
메디컬 센터 – 의료센터, 메디컬 스쿨 – 의과대학 |

| 0759 | **medicine**
[médəsin] | 명 의학, 약
med(의학)에서 파생된 medicine(**의학, 약**) |

| 0760 | **mad**
[mæd] | 함께 익혀요
형 미친
미친(mad) 사람은 의학적인(medical) 도움이
필요해요.
➕ madness 명 정신이상 |

0761 crime
[kraim]

명 범죄
피해자를 울게(cry) 만드는 **범죄**(crime)
➕ criminal 명 범인 형 범죄의

0762 cash
[kæʃ]

명 현금, 현찰
캐시 카드 – 현금 카드
캐시백(cash back) – 물건을 사면 현금을 적립해주는 서비스
➕ cashier 명 (현금) 계산원, 계산대

0763 wash
[wɔːʃ]

동 씻다 명 씻기
(자동차) **워셔**액 – 앞 유리창을 씻어주는 액체
함께 익혀요 trash 명 쓰레기 → 쓰레기(trash)가 묻었으면 깨끗이
씻어야겠죠(wash).

0764 tray
[trei]

명 쟁반, 음식 접시
플라스틱 **트레이** – 플라스틱 쟁반

0765 crash
[kræʃ]

동 파괴하다 명 충돌
테니스에서 상대방의 공을 강하게 때리는 스매싱
– crash(**파괴하다**)와 smash(때려 부수다)는 의미와
발음이 모두 유사하네요.

0766 rush
[rʌʃ]

동 급히 가다, 돌진하다 명 돌진
러시아워 – 차들이 급히 가서 길이 막히는 시간
(출퇴근 시간)

0767 crew
[kruː]

명 승무원
(배) **크루즈**(cruise)에는 승무원(crew)이 있어요.

0768 titanic
[taitǽnik]

형 거대한
(영화) **타이타닉**에는 거대한(titanic) 배가 나오죠.
함께 익혀요 tiny 형 아주 작은 → '거대한(titanic)'의 상반된 개념인
'아주 작은(tiny)'

Do you remember my name?
당신은 제 이름을 기억하나요?

🔊 Day16.mp3

0769 **log**
[lɔ:g]

명 통나무
안개(fog) 끼고 습기가 많은 곳에 자라는 **통나무**(log)

0770 **frog**
[frɔ:g]

명 개구리
안개(fog)가 많고 습기 찬 지역에 서식하는
개구리(frog)

0771 **clue**
[klu:]

명 단서, 실마리
영화감독의 큐(cue, 신호) 사인
– 신호(cue)와 발음과 모양이 유사한
단서/실마리(clue)

0772 **glue**
[glu:]

명 풀, 접착제 동 ~에 들러붙다
글루건(glue gun) – 접착제를 바를 때 사용되는
권총 모양의 분무 기기
– 사건의 중요한 단서(clue)는 풀(glue)로 붙여서
잘 보관해야 해요.

0773 **current**
[kə́:rənt]

명 흐름 형 유행의, 현재의
우리나라 물은 콸~ 흐르고 미국 물은 **컬**(cur~)
흐르나요?

0774 **occur**
[əkə́:r]

동 발생하다, 일어나다, 생각이 나다
시간이 흘러가면(cur→ current 연상) 여러 가지 사건이
발생하죠(occur).

"한 단어당 **10**초씩 읽어 보세요."

목표 시간: 15분

걸린 시간: 분

0775 **date**
[deit]

동 데이트하다, 날짜를 기입하다 명 데이트, 날짜
블라인드 **데이트**(blind date)
– 서로 모르는 남녀의 데이트, 소개팅

0776 **hate**
[heit]

동 미워하다, 싫어하다
데이트(date) 하면서 서로 **미워하지**(hate) 않겠죠?
➕ hatred 명 증오

 **쉽게 풀어낸 어원**

기억이 안 나면 메모(memo)를 보면 되지요.
mem은 **기억하다**를 뜻합니다.

0777 **memory**
[méməri]

명 기억
(컴퓨터) **메모리** 카드
➕ memo 명 메모, 비망록

0778 **remember**
[rimémbər]

동 기억하다
다시(re)와 기억하다(mem)가 결합되어 기억하다
(remember)가 됩니다.

0779 **member**
[mémbər]

명 회원, 소속원
스타팅 **멤버**, 베스트 멤버

0780 lie
[lai]

동 눕다, 놓여있다(-lay-lain)

죽으면(die) 영원히 **누워 있게**(lie) 되죠.

➕ lie 동 거짓말하다(-lied-lied) 명 거짓말

0781 floor
[flɔːr]

명 층(= story), 바닥

퍼스트 **플로어** – 1층(1F), 세컨드 플로어 – 2층(2F)

0782 explore
[iksplɔ́ːr]

동 탐험하다

인터넷 **익스플로어**

우리가 살고 있는 층을 벗어난 탐험
– explore는 밖(ex)과 층(plore→floor)이 결합되어
탐험하다(explore)를 뜻하지요.

➕ **explorer** 명 탐험가

 쉽게 풀어낸 어원

공항 '이미그레이션(immigration)'은
출입국 수속절차를 말하죠.
mig는 **이민**을 뜻해요.

0783 immigrate
[íməgrèit]

동 이민 오다

안(im→in)과 이주하다(migrate)가 결합되어
이민 오다(immigrate)를 뜻합니다.

➕ **immigrant** 명 (외국에서 오는) 이주자

0784 emigrate
[émigrèit]

동 이민 가다

밖(e)과 이주하다(migrate)가 결합되면
이민 가다(emigrate)가 됩니다.

➕ **emigrant** 명 (다른 나라로의) 이주자

0785 diet
[dáiət]

몡 식이요법, 식품, 음식물

다이어트 식단, 다이어트 운동

0786 die
[dai]

동 죽다

다이어트(diet) 한다고 계속 굶으면 결국 **다이**(die)할지도 몰라요.

함께 익혀요 **dye** 동 염색하다 → 염색하면(dye) 머리 본래의 색이 죽지요(die).

0787 day
[dei]

몡 날, 낮, 전성기

버스**데이**(birthday) – 태어난 날
스쿨데이(school day) – 학창 시절

➕ **daily** 혱 매일의

0788 hay
[hei]

몡 건초 동 건초를 만들다

풀은 낮에 말려야 잘 마르죠.
– 낮(day)에 말리는 **건초**(hay)

0789 dawn
[dɔ:n]

몡 새벽, 여명, 시작

새벽(dawn)이 지나면 낮(day)이 되지요.

0790 dessert
[dizə́:rt]

몡 후식

디저트는 식사 후에 먹는 것이죠.

0791 desert
동 [dizə́:rt] 몡 [dézərt]

동 버리다, 도망하다 몡 사막

디저트(dessert)를 먹고 남은 것은 버려야죠(desert).

데저트 사파리 – 사막 투어

0792 culture
[kΛltʃər]

명 문화, 교양

영국 켈트족(Celts)
– culture는 켈트족이 이룩한 **문화/교양**(culture)을
말합니다.

➕ **cultural** 형 문화의, 교양의

0793 agriculture
[ǽgrəkΛltʃər]

명 농업

고대에는 물줄기를 따라 문화가 번성했어요.
– agriculture는 물(agri→aqua)과 문화(culture)가
결합되어 **농업**(agriculture)을 뜻합니다.

0794 sculpture
[skΛlptʃər]

명 조각 동 조각하다

그 나라의 문화(culture)를 대표하는
조각상(sculpture)

➕ **sculptor** 명 조각가

0795 result
[rizΛlt]

명 결과 동 ~의 결과로 생기다

모든 일의 결과는 영국 문화의 출발점인 켈트족으로
귀결되나요?
– 다시(re)와 켈트(sult→celts)가 합쳐지면
결과(result)가 되지요.

0796 tail
[teil]

명 꼬리, 마지막

칵테일(cocktail) – 수탉의 꼬리와 같이 화려한 빛깔의 술

➕ **cock** 명 수탉, 보스 → 셔틀콕 – 닭의 깃털로 만든 배드민턴 공
(실제로는 거위 깃털로 만든답니다.)
함께 익혀요 **tale** 명 이야기, 소설

0797 detail
명 [dí:teil] 동 [ditéil]

명 세부 동 상세히 말하다

저 아래(de) 꼬리(tail)까지 상세히 말해보세요(datail).
– 아래(de)와 꼬리(tail)를 연관시키면
세부/상세히 말하다(datail)가 됩니다.

0798 fence
[fens]

명 울타리, 담

(야구장) **펜스** 거리 – 타석에서 관중석이 있는 담까지의 거리, 펜싱(fencing) 경기 – 얼굴에 담 모양의 철망을 쓰고 하는 경기

함께 익혀요 hence 튀 그러므로 → 울타리(fence)가 땅의 경계를 결정 짓듯이 hence는 '결론적으로'라는 뜻입니다.

0799 defence
[diféns]

명 방어, 수비, 변호(= defense)

(농구) **디펜스** 파울 – 수비자 파울

➕ defend 통 방어하다, 수비하다, 변호하다

0800 offence
[əféns]

명 공격, 위반, 죄(= offense)

(농구) **오펜스** 파울 – 공격자 파울

➕ offend 통 화나게 하다, 범하다
offensive 형 공격적인, 화나게 하는

0801 increase
[inkríːs]

명 증가 통 증가하다, 증가시키다

음악에서 소리가 점점 커지는 크레셴도
– 안(in)이 점점 커지면(creas→cres) 전체 부피가
증가하죠(increase).

0802 decrease
[dikríːs]

명 감소 통 감소하다, 줄이다

항아리 아래(de) 구멍이 커지면(creas→cres)
물이 줄어들죠(decrease).

0803 fate
[feit]

명 운명

맛있는 음식을 아버지(father)가 다 드셨으면(ate)
어쩔 수 없는 **운명**(fate)이죠.

0804 rate
[reit]

명 요금, 가격, 비율 통 등급을 정하다

음식을 먹었으면(ate) **요금**(rate)을 내세요.

0805 **lesson**
[lésn]

몡 수업, 교훈, 가르침

피아노 **레슨**, 테니스 레슨

함께 익혀요 **less** 혱 더 적은 뵘 더 적게 → 수업(lesson)을 잘 들으면 시험에서 실수가 더 적어지죠(less).

 쉽게 풀어낸 어원

100미터 달리기에서
meter는 **재다, 측정하다**를 뜻합니다.

0806 **meter**
[mí:tər]

몡 미터, 계량기

100**미터** 기록 경신

0807 **speedometer**
[spi:dámətər]

몡 속도계, 스피드미터

➕ **speed** 몡 속도

0808 **thermometer**
[θərmámətər]

몡 온도계

thermometer는 열(ther)과 측정(meter)을 연관
시킨 **온도계**(thermometer)

0809 **diameter**
[daiǽmətər]

몡 지름, 직경

수학 시간에 지름을 기호 D로 표시하죠.
– diameter는 원의 중심을 가로질러(dia) 측정
한(meter) **지름/직경**(diameter)을 뜻합니다.

0810 **measure**
[méʒər]

몡 측정, 수단 툉 측정하다

measure는 meter(측정기)의 유사어로
측정/수단/측정하다(measure)를 뜻합니다.

0811 repeat
[ripíːt]

동 반복하다, 되풀이하다

리피트 클럽 – 올림픽 2연패(반복 우승) 챔피언 모임

+ **repetitive** 형 반복성의 **repetition** 명 반복

0812 dish
[diʃ]

명 요리, 음식, 설거짓감, 접시

메인 **디시** – 주 요리, 사이드 디시 – 곁들이는 음식

0813 wish
[wiʃ]

동 바라다, 소망하다 명 소망

I wish you a merry Christmas. – 즐거운 크리스마스를 보내시기 **바랍니다.**

0814 discuss
[diskʌ́s]

동 토론하다, 의논하다

허리 디스크에 대해서 **토론하다**(discuss)

0815 library
[láibrèri]

명 도서관, 장서, 서재

뮤직 **라이브러리** – 음악도 들려주고 책도 빌려주는 도서관, 트래블 라이브러리 – 여행 도서관

0816 least
[liːst]

형 가장 적은, 최소의 부 최소로

더 적은(less)에 최상급 접미사(est)가 붙으면 **가장 적은**(least)이 되죠.

0817 essence
[ésns]

명 (사물의) 본질, 정수, 에센스

에센스 화장품, 식물 등에서 추출한 진액을 에센스라고 하죠.

+ **essential** 형 본질적인, 필수적인

0818 recent
[ríːsnt]

형 최근의

최근(recent) 소식을 듣다(listen)

0819 outdoor
[áutdɔ̀ːr]

형 집 밖의, 야외의

아웃도어 활동 – 야외 활동

+ **indoor** 형 문 안의, 실내의

DAY 17

She promised not to lie.
그녀는 거짓말하지 않기로 약속했어요.

 Day17.mp3

 쉽게 풀어낸 어원

멀리 날려 보내는 미사일(missile).
mis 또는 **mit**는
보내다를 뜻합니다.

0820 **mission**
[míʃən]

몡 미션, 임무, 파견, 선교

미션 성공, 미션 임파서블 – 불가능한 임무

0821 **admission**
[ædmíʃən]

몡 입장, 입학, 인정

대학 **어드미션** – 대학 입학 허가
– 입장(admission)은 안으로 들여보내는(mis) 것

➕ admit 통 들어오게 하다, 인정하다

0822 **permit**
[pərmít]

통 허락하다, 허가하다 몡 허가증

모든 것을 완전히(제한 없이) 보냈다면 허락한 것이겠죠.
– 완전한(per→perfect 연상)과 보내다(mit)가 합쳐져
허락하다/허가하다(permit)가 됩니다.

➕ permission 몡 허가, 면허

0823 **promise**
[prámis]

몡 약속 통 약속하다

과거를 향해 약속하는 것은 논리가 안 맞네요.
– **약속**(promise)이란 자신이 실천할 것을
미래로(앞으로, pro) 보내는(mis) 것이지요.

"한 단어당 **10초**씩 읽어 보세요."

목표 시간: 15분

걸린 시간: 분

0824
mail
[meil]

명 우편 동 우편을 보내다
이**메일** – 전자우편
➕ **mailbox** 명 우체통

0825
male
[meil]

명 남성 형 수컷의
어떤 남자(male)가 이**메일**로 안부를 물었어요.
➕ **female** 명 여성 형 암컷의 → 예전에는 여자(female)에게 피(避)
동적인 성향이 있다고 여기기도 했죠.

0826
self
[self]

명 자기, 자신
셀프 서비스 – 서비스의 일부를 고객 자신이 스스로
하는 것, 셀카(셀프 카메라, 영어 표현은 selfi)

0827
selfish
[sélfiʃ]

형 이기적인
자기(self)만 위하는 것이 **이기적인**(selfish) 것이죠.

0828
dollar
[dálər]

명 달러
미국 **달러**, 홍콩 달러

0829
doll
[dal]

명 인형
달러(dollar)로 살 수 있는 인형(doll, **달**)

0830 dispute
[dispjú:t]

명 논쟁, 분쟁 동 논쟁하다

귀한 보석을 자기만 갖겠다고 멀리 갖다 놓으면 분쟁이
생길 수 있어요.
– dispute는 벗어난(dis)과 놓다(put)를 연관시켜
논쟁/논쟁하다(dispute)를 뜻합니다.

0831 repute
[ripjú:t]

명 평판, 명성 동 ~라고 평하다

평판(repute)은 사람의 사회적 위치를 다시(re) 놓는
(put) 것

➕ reputation 명 평판, 명성

0832 dive
[daiv]

동 (물속에) 뛰어들다

스쿠버**다이빙** – 수중 탐험 스포츠
스카이다이빙 – 고공 낙하 스포츠

0833 divide
[diváid]

동 나누다, 분할하다 명 분할

물속에 풍덩 뛰어들면(dive) 물이 **나누어지죠**
(divide).

0834 individual
[ìndəvídʒuəl]

명 개인 형 개인의

더 이상 나눌 수 없는 존재가 개인
– individual은 부정의 의미(in)와 나누다(divide)가
결합되어 **개인/개인의**(individual)를 뜻합니다.

0835 guard
[ga:rd]

동 경호하다 명 경계, 수위

보디**가드**(bodyguard) – 경호원
가드 레일 – 차와 사람을 보호하기 위해 도로에 친 철책

0836 regard
[rigá:rd]

동 ~으로 여기다, 간주하다 명 안부(regards)

뒤에(re) 경호원(guard)이 있는 사람은 중요한 사람(VIP)
으로 **간주되지요**(regard).

0837
relay
[ríːlei]

명 릴레이, 계주 동 다시 놓다

바통을 다른 선수의 손에 다시(re) 놓는(lay)
릴레이 경기

➕ lay 동 놓다, 눕히다, 알을 낳다(-laid-laid) → (농구) 레이업숏 –
손바닥에 공을 올려놓고 가볍게 던져 넣는 숏

0838
delay
[diléi]

명 연기, 지체, 연기 동 연기하다

릴레이 경기 중에 바통을 아래로(de) 떨어뜨려 놓으면(lay)
지체(delay)가 되죠.

0839
relate
[riléit]

동 관련시키다

릴레이(relay) 경기에서는 바통이 앞과 뒤의 두 선수를
관련시키죠(relate).

➕ relative 형 관계가 있는, 상대적인, 비교적인 명 친척 →
친척은 나와 관계가 있지요.

0840
religion
[rilídʒən]

명 종교

신과 인간을 관련시키는(relate) **종교**(religion)

0841
duty
[djúːti]

명 세금, 관세, 의무

(공항) **듀티**프리존(free zone) – 면세구역(세금이 면제
되는 구역)

0842
due
[djuː]

형 만기의, 도착 예정인, 당연한

면세 기간이 **만기**(due)되면 세금(duty)을 내야 해요.

0843
comedy
[kámədi]

명 코미디, 희극

배를 잡고 웃게 만드는 **코미디** 프로그램

0844 mention
[ménʃən]

동 말하다, 언급하다 명 언급, 진술

지금 **말할까요**(mention), 아니면 휴대폰에 음성 멘트를 남길까요?

0845 pigeon
[pídʒən]

명 비둘기

비둘기(pigeon)와 돼지(pig)는 철자와 발음이 비슷하네요.

0846 fin
[fin]

명 지느러미

(요리) 샥스**핀**(shark's fin) – 상어 지느러미

0847 even
[íːvən]

형 균등한, 평평한, 짝수의 부 ~조차도

이븐 플로어 – 짝수 층, 이븐 넘버 – 짝수

0848 devil
[dévl]

명 악마 형 사악한

레드 **데블**스(Red Devils) – 붉은 악마(국가대표 축구팀 공식 응원단)

➕ evil 명 악, 사악 형 사악한

0849 shell
[ʃel]

명 조개껍질, 조가비

셸 파우치 – 조개 모양의 파우치

0850 purse
[pəːrs]

명 지갑

버스(bus) 탈 때 필요한 지갑(purse, **퍼스**)

함께 익혀요 purchase 명 구입, 획득 동 구매하다 → 지갑(purse)에 돈이 있어야 물건을 구입하겠죠(purchase)?

0851 persuade
[pərswéid]

동 설득하다

파워에이드 마시며 **설득할까요**(persuade)?

0852 **rub**
[rʌb]

동 문지르다, 비비다

루비(ruby)는 너무 빡빡 **문질러서**(rub) 빨간색인가요?

쉽게 풀어낸 어원

멀리뛰기 하는 모션(motion)이 멋지네요.
mob, mot, mov는
모두 **움직이다**라는 의미가 있습니다.

0853 **motion**
[móuʃən]

명 모션, 움직임, 동작

슬로**모션** – 느린 동작

0854 **emotion**
[imóuʃən]

명 감정, 정서

감정이 복받치면 울음이 밖으로(e) 터져나오죠.
– emotion은 밖(e)과 움직이다(mot)가 합쳐져
감정/정서(emotion)를 뜻합니다.

0855 **movie**
[múːvi]

명 무비, 영화

무비(movie)는 움직이는(mov) 영상

➕ move 동 움직이다, 감동시키다, 이사하다
  movement 명 운동, 움직임

0856 **remove**
[rimúːv]

동 치우다, 제거하다

손님이 오면 쓰레기는 얼른 뒤로(re) 치워야 해요.
– remove는 뒤(re)와 움직이다(mov)가 합쳐져
치우다/제거하다(remove)를 뜻합니다.

0857 **mobile**
[móubəl]

형 이동하는

모바일 폰(이동하면서 이용하는 휴대폰)
모바일 상품권, 모바일 게임

0858 **mercy**
[mə́:rsi]

명 자비
메시아(messiah)는 인류에게 **자비**(mercy)를
베푸는 존재

0859 **deck**
[dek]

명 배의 갑판, 객차 지붕
베란다 **데크** 꾸미기
원목 데크

0860 **decorate**
[dékərèit]

동 장식하다, 꾸미다
웨딩 **데커레이션** – 결혼식 장식
파티 데커레이션 – 파티 장식

0861 **dolphin**
[dálfin]

명 돌고래
환상의 **돌핀**쇼, 돌핀 크루즈 타고 돌고래와 인사하기

쉽게 풀어낸 어원

mountain(산)의 앞부분에서 유래한
mount에는 **오르다**의 뜻이 있습니다.

0862 **mountain**
[máuntən]

명 산
(음료수) **마운틴** 듀 – 산 이슬, 호주의 블루마운틴
산악지대는 멀리서 보면 푸른색으로 보인다고 해요.

0863 **amount**
[əmáunt]

명 총계, 양 동 총계가 ~이 되다
수많은 흙먼지의 **총계**(amount)가 산(mountain)이죠.

0864 **fountain**
[fáuntən]

함께 익혀요
명 분수, 근원, 샘
산(mountain)에는 시원한 **샘**(fountain)이 있어요.

0865
chew
[tʃuː]

图 씹다
추잉껌을 씹다, 자일리톨 추잉껌

0866
downtown
[dáuntáun]

图 상업지구, 번화가 图 도심의
시애틀 **다운타운**, 밴쿠버 다운타운
⊕ uptown 图 주택가

0867
drown
[draun]

图 익사하다, 익사시키다, 물에 빠뜨리다
물 아래(down)로 너무 내려가면 **익사할**(drown)
위험이 있어요.

0868
drag
[dræg]

图 질질 끌다 图 견인
용(dragon)은 다리가 짧으니까 배가 땅에 질질
끌리겠네요(drag).
함께 익혀요 draw 图 끌다, 당기다(-drew-drawn) 图 무승부 →
'질질 끌다(drag)'의 유의어인 '끌다(draw)'
⊕ drawer 图 서랍 → 드르륵 끌어서(draw) 여는 서랍(drawer)

0869
endure
[indjúər]

图 참다, 견디다, 지속하다
오래 가는 듀라셀 건전지와 발음이 비슷한 endure는
참다/견디다/지속하다(endure)를 뜻합니다.
⊕ during 图 ~동안 함께 익혀요 for 图 ~동안, ~을 위하여

0870
fellow
[félou]

图 녀석, 동료 图 동료의
동료(fellow)끼리는 헬로우(hello) 하면서 잘 지내야죠.
함께 익혀요 follow 图 따르다, 따라가다 → 친구(fellow) 따라(follow)
강남 간다.

0871
heaven
[hévən]

图 하늘, 천국
무거운(heavy) 비행기도 **하늘**(heaven)을 날지요.

We must protect nature.

우리는 자연을 보호해야 해요.

 Day18.mp3

 쉽게 풀어낸 어원

만물은 자연(nature)에서 태어나죠.
nat는 태어난, 타고난을 뜻합니다.

0872
nature
[néitʃər]

몡 자연, 만물, 성질
자연과학 전문 저널 **네이처** 지(誌)

➕ **natural** 혱 자연의, 자연스러운, 타고난 → 자연스러움을
지향하는 내추럴 인테리어

0873
native
[néitiv]

혱 타고난, 출생지의, 원주민의
네이티브 스피커 – 원어민
네이티브 아메리칸 – 미국 원주민

0874
nation
[néiʃən]

몡 국가, 나라, 국민
마이크로**네이션** – 초소형 국가

★잠깐 상식 개인이 만드는 초소형 국가인 마이크로네이션. 호주엔
30여 개의 마이크로네이션이 있고, 영국 영해에도 마이크로네이션
이 있다고 해요. 인구가 10명 내외인 초미니 국가도 있다죠.

0875
national
[nǽʃənl]

혱 국가의, 전 국민의
(미국 프로야구) **내셔널** 리그

0876
international
[intərnǽʃənəl]

혱 국제적인
인터내셔널 공항 – 국제공항
인터내셔널 스쿨 – 국제 학교

"한 단어당 **10초**씩 읽어 보세요."

목표 시간: **15분**

걸린 시간: **분**

0877 **hell**
[hel]

명 지옥
안녕하세요(hello)라고 말할 수 없는 **지옥**(hell)

0878 **yell**
[jel]

동 고함치다 명 고함, 외침
지옥(hell)에서는 다들 괴로워서 **고함을 치겠죠**(yell)?
함께 익혀요 **yellow** 명 노란색 형 노란색의 → (축구) 옐로카드 – 노란색 경고 카드

0879 **laser**
[léizər]

명 레이저
피부과에서 점을 지우는 **레이저** 시술, 레이저 프린터

0880 **eraser**
[iréisər]

명 지우개
레이저(laser)보다 더 잘 지우는 지우개(eraser, **이레이저**)
➕ **erase** 동 지우다

0881 **hear**
[hiər]

동 듣다
hear는 ear(귀)에서 유래하여 **듣다**(hear)가 되었죠.
➕ **overhear** 동 우연히 듣다, 엿듣다

0882 **fear**
[fiər]

명 두려움 동 두려워하다
사람은 귀(ear)를 통해 공포와 **두려움**(fear)을 느끼지요.
그래서 공포영화에서 음향을 제거하면 그다지 무섭지 않다고 해요.

0883 learning
[lə́:rniŋ]

명 학습, 배움
러닝센터, 이러닝(e-learning)
➕ learn 통 배우다

0884 earn
[ə:rn]

통 벌다, 얻다
뭐든 잘 배우면(learn) 돈을 **벌**(earn) 수 있어요.
➕ earning 명 소득

0885 neighbor
[néibər]

명 이웃
요즘 (인터넷) 네이버(Naver)에서 많이 놀죠. 그러니까
네이버가 최고의 **이웃**(neighbor)인지도 몰라요.

0886 favor
[féivər]

명 호의, 부탁, 찬성 (= favour)
이웃(neighbor)에게 **호의**(favor)를 베푸세요.
➕ favorable 형 호의적인, 유리한 favorite 형 가장 좋아하는

0887 eagle
[í:gl]

명 독수리
(야구) 한화 **이글스** – 독수리 구단
블랙 이글 – 대한민국 공군 특수 비행팀

0888 eager
[í:gər]

형 간절한, 열심인
배고픈 독수리(eagle)는 먹이를 찾느라
열심이겠죠(eager)?

0889 struggle
[strʌgl]

통 싸우다, 노력하다 명 투쟁
독수리(eagle)는 먹이를 차지하기 위해 맹렬하게
싸우지요(struggle).

0890 **bow**
❶ 명 동 [bau] ❷ 명 [bou]

❶ 명 절 동 절하다 ❷ 명 활
무지개(rainbow, **레인보우**) 모양으로 생긴 활(bow)

0891 **elbow**
[élbou]

명 팔꿈치
(격투기) 팔꿈치를 이용한 **엘보** 공격
팔꿈치(elbow)는 둥근 활(bow)처럼 휘어지지요.

노트에 적어두면 쉽게 알 수 있어요.
nor. not 또는 **now**는 **알다**를 뜻합니다.

0892 **know**
[nou]

동 알다
now(알다)에서 파생된 know(**알다**)
➕ **unknown** 형 알려지지 않은

0893 **knowledge**
[nálidʒ]

명 지식
knowledge는 know(알다)에서 유래하여
지식(knowledge)을 뜻합니다.
➕ **acknowledge** 동 인정하다, 자백하다 → 검사가 범죄에 대해
이미 알고(know) 있으면 사실을 인정해야겠지요(acknowledge).

0894 **notice**
[nóutis]

명 알림, 통지 동 알아차리다, 통지하다
notice 역시 not(알다)에서 유래하여
알림/알아차리다(notice)를 뜻합니다.

0895 **ignore**
[ignɔ́:r]

동 무시하다, 묵살하다
부정의 의미(ig→in)와 알다(nor)를 연관 지으면
무시하다/묵살하다(ignore)가 됩니다.

0896 limit
[límit]

명 제한 동 제한하다, 한정하다
노 **리밋** – 무제한, 타임 리밋 – 시간제한

0897 load
[loud]

명 짐 동 짐을 싣다, 태우다
(컴퓨터) **로딩**(loading) 속도
파일 다운로드(down**load**)

0898 earth
[əːrθ]

명 지구
구글 **어스** – 구글에서 제공하는 실시간 위성 지도
(구글 어스로 보면 지구의 모습이 자세히 보이죠.)

0899 road
[roud]

명 길
(역사) 실크 **로드** – 비단길
(중국에서 생산된 비단이 유럽까지 전해진 길)

0900 abroad
[əbrɔ́ːd]

부 외국에
abroad는 벗어난(ab)과 길(road)이 합쳐져
외국에(abroad)를 뜻합니다.

0901 rod
[rad]

명 막대기, 장대
먼 길(road)을 떠날 때는 **막대기**(rod)를 짚고 가는 모습
연상

0902 appear
[əpíər]

동 나타나다, ~처럼 보이다
아기가 세상에 처음 '나타난' 생일을 귀 빠진 날이라고 하죠.
– 위(up)와 귀(ear)가 연계되면
나타나다/~처럼 보이다(appear)가 됩니다.
➕ disappear 동 사라지다 appearance 명 외관, 겉모습

0903 apparent
[əpǽrənt]

형 분명한, 명백한
겉으로 나타나면(appear) 무엇인지
명백하죠(apparent).

0904
tear
동 [tɛər] 명 [tiər]

동 찢다(-tore-torn) 명 눈물

빈센트 반 고흐는 자신의 귀(ear)를 **찢으며**(tear)
눈물(tear)을 흘렸을까요?

★잠깐 상식 위대한 화가로 추앙받는 빈센트 반 고흐는 초상화 속의 자신
의 귀가 마음에 들지 않는다며 실제로 귀를 잘라버린 기인이었다고 하죠.

0905
exercise
[éksərsàiz]

명 운동, 연습 동 운동하다, 연습하다

a special exercise – 특별한 **운동**(특별 체조)

0906
lean
[liːn]

형 여윈 동 몸을 구부리다, 기대다

몸이 여윈(lean) 사람은 **진** 바지(jeans)를 입으세요.

0907
navy
[néivi]

명 해군

네이비 실 – 미 해군 특수부대

해군(navy)은 항해술(navigation)이 필요하죠.

쉽게 풀어낸 어원

건물을 새롭게 수리하는 리노베이션(renovation).
nov는 새로운을 뜻합니다.

0908
innovation
[ìnəvéiʃən]

명 혁신, 개혁

안(in)에서부터 새로워지는(nov) 것이 바로
혁신/개혁(innovation)이에요.

0909
novel
[návəl]

형 새로운, 신기한 명 (장편) 소설

소설(novel)에는 새로운(nov) 이야기가 있어야
사람들의 흥미를 끌지요.

0910 **copy**
[kápi]

명 복사 동 복사하다

카피하다 – 복사하다

카피 머신(copy machine) – 복사기

쉽게 풀어낸 어원

'나'는 영어로 **I**, **아이**이고
'다른 사람'은 **other**, **아더**이지요.

0911 **other**
[ʌ́ðər]

명 다른 사람 형 다른, 그 밖의

0912 **another**
[ənʌ́ðər]

형 다른 하나의, 제2의

an(하나의) + other(다른)

➕ **each other** 대 서로, 상호간

0913 **otherwise**
[ʌ́ðərwàiz]

부 그렇지 않으면, 다른 방법으로

다른(other) + 현명한(wise)
앞의 의견과 다른 현명한 의견, 즉 앞의 의견에 동의하지
않는다는 의미

0914 **bother**
[bɑ́ðər]

함께 익혀요

동 괴롭히다, 귀찮게 하다

자신과 다르다고(other) 괴롭히면(bother) 곤란해요.

★ 인칭대명사 정리

I 나 **you** 당신, 너 **he** 그 **she** 그녀
we 우리들 **you** 너희들 **they** 그들

0915

late
[leit]

형 늦은

(호텔) **레이트** 체크아웃 – 허용된 시간보다 늦은 시간에 퇴실하는 것

0916

vote
[vout]

명 투표 동 투표하다

배(boat)를 산으로 보낼지 말지 **투표**(vote)로 결정합시다.

0917

devote
[divóut]

동 바치다, 헌신하다

인당수에 자신을 바친 심청이
– 아래(de)와 배(vote→boat)를 연관 지으면
바치다/헌신하다(devote)가 됩니다.

0918

elementary
[èləméntəri]

형 초보의, 기본적인

elementary school – **초등**학교

0919

empty
[émpti]

동 비우다 형 텅 빈

학생들이 모두 MT(엠티)를 가면 교실이 **텅 비겠죠**
(empty)?

0920

exam
[igzǽm]

명 시험, 검사

시험 관련 학원 이름에 **이그잼**이라는 표현이 자주 쓰여요.

➕ **examine** 동 시험하다, 검사하다, 진찰하다
examination 명 시험, 검사

0921

quiet
[kwáiət]

동 진정시키다 형 조용한 명 고요

Be quiet. – **조용**히 해.

0922

enter
[éntər]

동 참가하다, 들어가다

엔터키를 누르고 게임방에 입장하죠(enter).
(컴퓨터) 키보드 엔터키

DAY 19

The summer vacation is over.

여름 방학이 끝났어요.

Day19.mp3

0923 **fortune**
[fɔ́ːrtʃən]

명 행운, 재산

포춘 쿠키 – 과자 속에 운세가 적힌 쪽지가 들어 있는 쿠키

➕ unfortunate 형 불운한 misfortune 명 불운

0924 **opportunity**
[àpərtjúːnəti]

명 기회

화성 탐사 로봇의 이름이 **오퍼튜니티**였죠.
– 오(o~)와 행운(portun→fortune)을 연관 지으면
기회(opportunity)가 되지요.

0925 **front**
[frʌnt]

명 전면, 전방

호텔 **프런트** – 호텔 로비에서 접수/안내 사무를 보는 곳
호텔 프런트에 열쇠를 맡기세요.

0926 **frontier**
[frʌntíər]

명 국경, 변경 형 국경의

프런티어 정신 – 미 서부 개척자 정신
– 앞(front)과 비교급 접미사(er)를 연관시키면 나라의
제일 앞에 있는 국경(frontier)이 됩니다.

0927 **folk**
[fouk]

명 사람들, 가족 형 민속의

포크 댄스 – 민속 무용
포크송 – 민속 노래

0928 **pork**
[pɔːrk]

명 돼지고기

우리나라 사람들(folk)은 **돼지고기**(pork)를 즐겨
먹지요.

0929 ant
[ænt]

뎽 개미

앤트 하우스 – 개미 집
(영화) 앤트맨

0930 aunt
[ænt]

뎽 고모, 이모

개미(ant)와 **고모**(aunt)는 발음도 똑같고, 생김새까지
비슷하죠? 그래서 고모 허리가 개미 허리였군요.

0931 giant
[dʒáiənt]

뎽 거인

(야구) 롯데 **자이언츠** – 거인 구단
개미(ant)가 많이 모이면 거인(giant)처럼 거대해질 수도
있어요.

 쉽게 풀어낸 어원

축구의 오버헤드킥은 공을 머리 위로 차는 동작이죠.
행동을 오버하지 말라는 말도 있어요.
over는 **~위, ~을 넘어서**라는 뜻이에요.

0932 over
[óuvər]

젼 ~위에, ~이상 뷔 위쪽으로, 끝나서

오버 액션, 게임 오버

0933 overcome
[òuvərkΛm]

동 이겨내다, 극복하다, 압도하다(-overcame-overcome)

격투기 시합에서 상대 선수 위에 있는 선수가 주로 이기죠?
– overcome은 위에(over)와 오다(come)가 결합하여
이겨내다/극복하다/압도하다(overcome)를
뜻합니다.

0934 tire
[taiər]

몡 타이어 동 피곤하다, 지치다

하루 종일 굴러다니는 자동차 **타이어**는 얼마나 피곤할까요(tire)?

➕ tired 혱 피곤한, 싫증난

0935 entire
[intáiər]

혱 완전한, 전체의 몡 전체

둥근 타이어(tire)는 **완전한**(entire) 원이에요.

0936 retire
[ritáiər]

동 은퇴하다 몡 은퇴

리타이어 푸어 – 은퇴 후에 가난한 사람

평생을 열심히 일한 뒤에는 지쳐서(tire) 뒤로(re) 물러나게(retire) 되겠죠.

0937 treat
[tri:t]

동 다루다, 대접하다, 치료하다 몡 대접

헤어**트리트**먼트 – 머리카락에 영양과 수분을 주는 머리 손질

➕ treatment 몡 취급, 대우, 치료

0938 threat
[θret]

몡 협박, 위협

앞에서 대접하면서(treat) 뒤에서 **위협**(threat)하면 곤란해요.

➕ threaten 동 위협하다

0939 near
[niər]

혱 가까운 전 ~의 근처에 부 가까이

얼굴 **가까운**(near) 곳에 귀(ear)가 있지요.

➕ nearby 혱 가까운 부 가까이에

0940 nearly
[níərli]

부 거의, 하마터면

총알이 몸 가까운(near) 곳을 지나갔다면 **하마터면**(nearly) 죽을 뻔했겠죠?

함께 익혀요 underneath 전 ~의 밑에 부 아래에
beneath 전 ~ 아래에, 밑에 부 아래쪽에

쉽게 풀어낸 어원

이쪽 파트는 네가 담당해.
이때의 **part**는 **부분**을 뜻해요.

0941 **part**
[pa:rt]

몡 부분, 조각 동 헤어지다
파트타임 근무 – 시간제 근무

0942 **party**
[pá:rti]

몡 모임, 정당, 파티
정당(party)은 정치의 한 부분(part)이지요.

0943 **depart**
[dipá:rt]

동 출발하다, 떠나다
강을 따라 아래로 떠나면 윗마을과 떨어지게 되죠.
– 아래(de)와 헤어지다(part)가 연결되면
출발하다/떠나다(depart)가 됩니다.
➕ **departure** 몡 출발 → (공항) 디파처 – 출국장

0944 **department store**
[dipá:rtmənt stɔ:r]

몡 백화점
천장은 하나인데 아래(de)가 여러 부분(part)으로
나누어진 가게(store)가 **백화점**(department
store)이에요.
➕ **department** 몡 부서, 학과, 부문

0945 **apart**
[əpá:rt]

부 독립하여, 따로
집집마다 따로(apart) 분리된 **아파트**(apartment)
➕ **apartment** 몡 아파트

0946 **particular**
[pərtíkjulər]

형 특별한, 특정한
전체 가운데 한 부분(part)은 **특별한**(particular)
곳이죠?

0947 roar
[rɔːr]

동 으르렁거리다

사람이 대단히 노(怒)하면 짐승처럼 으르렁거리나요
(roar, **로어**)?

0948 cell
[sel]

명 방, 작은 방, 세포

셀 뱅크 – 줄기세포 은행

 **쉽게 풀어낸 어원**

'나한테 공을 패스해' 또는
'톨게이트 하이패스'라고 할 때의
pass는 **지나가다**를 뜻합니다.

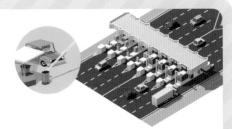

0949 pass
[pæs]

동 건네주다, 지나가다 명 통행, 합격

롱**패스**, 패스워드, 사법고시 패스 – 사법고시 합격

➕ **passage** 명 통로, 통행, 경과 **past** 형 지나간, 과거의

0950 path
[pæθ]

명 길, 경로

길(path)이 있어야 지나가죠(pass).

0951 passport
[pǽspɔːrt]

명 여권

해외여행 갈 때는 **여권**(passport)이 필요해요.
– 지나가다(pass)와 항구(port)를 연관 지으면
여권(passport)이 되지요.

0952 passenger
[pǽsəndʒər]

명 승객, 통행인

메신저(messenger)에서 보듯 -enger로 끝나는 말은
'사람'을 뜻해요.
– passenger는 지나가다(pass)와 사람 접미사(enger)
가 합쳐져 승객/통행인(passenger)이 됩니다.

0953 **fuel**
[fjú:əl]

명 연료
주유소에 가면 **연료**(fuel)를 가득(full) 채울 수 있어요.

0954 **confirm**
[kənfə́:rm]

동 확증하다, 확인하다
예약 **컨펌** – 예약 확인, 컨펌을 받다 – 확인을 받다
➕ firm 형 확고한, 굳은, 단단한 명 회사

0955 **forward**
[fɔ́:rwərd]

부 앞으로, 전방으로
(축구) **포워드** – 전방 공격수
센터 포워드 – 맨 앞 중앙에서 공격하는 선수
➕ for 전 ~을 향해, ~을 위해, ~때문에

0956 **roll**
[roul]

동 굴리다 명 회전, 두루마리
롤러스케이트 – 바퀴가 구르는 스케이트
함께익혀요 role 명 역할, 배역 → 영화에서 굴러가는(roll) 배역(role)을 맡아볼까요?

0957 **try**
[trai]

동 시도하다, 노력하다
트라이하다 – 시도하다, 굿 트라이 – 좋은 시도

0958 **teenager**
[tí:nèidʒər]

명 십대
틴에이저 – 십대, 하이틴 – 십대 후반
➕ age 명 나이, 연령, 세대 → 골든 에이지 – 황금기

0959 **keep**
[ki:p]

동 지키다, 유지하다, 계속하다(-kept-kept)
(축구) 골**키퍼** – 골문을 지키는 사람
➕ housekeeper 명 주부, 가사 도우미

0960 **period**
[pí:əriəd]

명 기간, 마침표
아이스하키의 1**피리어드**는 20분 – 아이스하키 등의 스포츠에서 경기 시간의 단위를 피리어드라고 하죠.

0961 extreme
[ikstríːm]

형 극단적인 명 극단
스피드와 스릴을 만끽하는 **익스트림** 스포츠

0962 fan
[fæn]

명 (스포츠 · 배우 등의) 열성팬, 선풍기, 부채
열성**팬**, 팬미팅 – 연예인과 팬들의 만남

0963 paint
[peint]

명 페인트, 물감 동 칠하다
페인트칠이 벗겨지다

 쉽게 풀어낸 어원

캐나다에 평화의 강(Peace River)이라는
곳이 있어요.
peace는 **평화**를 뜻합니다.

PEACE

0964 peace
[piːs]

명 평화
피스 마크 – 평화의 상징
➕ **peaceful** 형 평화로운, 편안한

0965 pacific
[pəsífik]

형 평화스런
pacific은 peace(평화)에서 파생하여
평화로운(pacific)을 뜻합니다.
➕ **the Pacific** 명 태평양(평화로운 바다) → (미국 프로야구)
퍼시픽 리그 – 태평양 리그

0966 Atlantic
[ætlǽntik]

함께 익혀요
명 대서양 형 대서양의
애틀란티스 – 대서양에 잠겼다는 전설상의 국가
(미국) 애틀랜틱 시티 – 대서양을 품은 도시

0967 **familiar**
[fəmíljər]

형 친한, 친숙한
가족(family)은 매우 **친숙한**(familiar) 사람들이죠.

0968 **palm**
[pa:m]

명 야자수, 손바닥
팜유 – 야자기름, 해변과 야자나무가 어우러진 팜비치
– 야자 잎이 손금(손바닥(palm) 금)을 닮은 거 아세요?

0969 **calm**
[ka:m]

동 진정시키다 형 고요한, 침착한
고요한(calm) 아침에 오세요(come).

0970 **shoot**
[ʃu:t]

동 쏘다, 발사하다(-shot-shot) 명 사격
(축구) **슛**~ 골인, 슈팅

0971 **fat**
[fæt]

명 지방 형 뚱뚱한
로**팻**(low fat) 우유 – 저지방 우유

0972 **save**
[seiv]

동 구하다, 저축하다 전 ~을 제외하고
(야구) **세이브** 투수
– 앞서가는 점수를 지켜 팀을 구하는 투수
➕ **safe** 형 안전한 명 금고 **safety** 명 안전, 무사

0973 **fold**
[fould]

동 접다
폴더폰 – 접을 수 있는 휴대폰, 폴딩 베드 – 접이식 침대

0974 **heavy**
[hévi]

형 무거운
(복싱) **헤비**급 – 체중이 많이 나가는 선수들이 겨루는 체급

DAY 20

She spent the weekend at home.

그녀는 집에서 주말을 보냈어요.

((•)) Day20.mp3

0975 **foot**
[fut]

명 발 (복수형 feet)

풋볼 – 발로 하는 축구, 풋살 – 실내 축구

➕ footprint 명 발자국

0976 **defeat**
[difíːt]

명 패배 동 패배하다, 패배시키다

발아래에 있는 패배한 모습 연상
– defeat는 아래(de)와 발(feat→feet)이 합쳐져
패배/패배하다/패배시키다(defeat)를 뜻합니다.

0977 **feature**
[fíːtʃər]

명 특색, 용모, 이목구비

당신 발(feet)은 어떤 **특색**(feature)이 있나요?

0978 **funny**
[fʌni]

형 재미있는, 웃긴

퍼니 스토리 – 웃긴 이야기

➕ fun 명 재미

0979 **furniture**
[fɔ́ːrnitʃər]

명 가구

아트 **퍼니처** – 예술 가구
– 가구(furniture) 속에서 놀면 재미있나요(funny)?

0980 **fur**
[fɔːr]

명 모피, 털

가구(furniture) 속에 보관하는 **모피**(fur)

"한 단어당 **10초**씩 읽어 보세요."

목표 시간: 15분

걸린 시간: 분

 쉽게 풀어낸 어원

목에 거는 보석을 펜던트(pendant)라고 하죠.
pend는 매달리다를 뜻합니다.

0981
depend
[dipénd]

동 의지하다, 의존하다

아기들은 엄마에게 매달리죠.
– 아래(de)와 매달리다(pend)를 연관시키면
의지하다/의존하다(depend)가 됩니다.

0982
independence
[ìndipéndəns]

명 독립

인디펜던스데이 – 미국의 독립기념일
– 부정의 의미(in)와 의존하다(depend)가 결합되어
독립(independence)이 되지요.
➕ **independent** 형 독립적인

0983
expend
[ikspénd]

동 지출하다, 소비하다

매달렸던 물건을 풀어서 밖에서 쓰는 상황 연상
– 밖(ex)과 매달리다(pend)가 합쳐져
소비하다/지출하다(expend)가 됩니다.
➕ **expense** 명 비용, 지출, 희생
expenditure 명 지출, 소비 **expensive** 형 비싼

0984
spend
[spend]

동 소비하다(-spent-spent)

expend(소비하다)와 spend(**소비하다**)는
그 철자와 의미가 모두 비슷해요.

0985 refill
[riːfil]

동 다시 채우다, 보충하다

콜라 **리필** – 콜라를 다 마시면 다시 채워주는 것

➕ fill 동 채우다, 채워지다

함께 익혀요 till 전 ~까지, ~할 때까지 → 빈 항아리를 채울(fill)
때까지(till) until 전 ~까지 접 ~할 때까지

0986 spill
[spil]

동 엎지르다 명 엎지름

물을 너무 많이 채우려다가는(pill→fill) 결국
엎지를(spill) 수도 있어요.

0987 steal
[stiːl]

동 몰래 가다, 훔치다(-stole-stolen)

(야구) **스틸** – 도루(주자가 수비의 허술한 틈을 타서
다음 베이스까지 몰래 가는 일)

0988 still
[stil]

형 움직이지 않는, 고요한 부 아직도

도둑은 숨어서 **움직이지 않다가**(still) 갑자기
훔치지요(steal).

0989 fit
[fit]

형 건강에 좋은, ~에 적합한 동 적합하다

피트니스 센터 – 건강을 유지시켜주는 헬스클럽
피팅룸 – 옷이 적합한지(맞는지) 입어보는 방

0990 fix
[fiks]

동 정하다, 고정시키다, 수리하다

가장 적합한(fit) 것으로 **정합시다**(fix).

0991 special
[spéʃəl]

형 특별한

스페셜 메뉴 – 특별 메뉴, 스페셜 이벤트 – 특별 행사

➕ especially 부 특별히

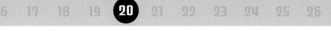
0992 **law**
[lɔ:]

몡 법

로스쿨 – 법학 전문 대학원, 로펌 – 법률 회사

➕ **lawyer** 몡 변호사, 법률가

0993 **claw**
[klɔ:]

몡 동물의 발톱, 새의 발톱

동물의 세계에선 **발톱**(claw)이 법(law)인가요?

0994 **full**
[ful]

혱 가득한

풀타임 근무 – **전**일제 근무, (스포츠) 풀스윙 – 힘차고 크게 방망이나 채를 최대한 휘두르는 것

0995 **fool**
[fu:l]

동 놀리다 몡 바보

너무 많이 먹어서 배가 가득하면(full) 배불뚝이라고 **놀리겠죠**(fool)?

➕ **foolish** 혱 어리석은

0996 **gift**
[gift]

몡 선물, 천부적인 재능

기프트 세트 – 선물 세트, 기프티콘(gifticon)은 기프트(gift)와 아이콘(icon)의 합성어죠.

➕ **give** 동 주다

0997 **forgive**
[fərgív]

동 용서하다

화가 난 친구에게 선물을 주면(give) **용서해**(forgive) 줄까요?

0998 **warm**
[wɔ:rm]

혱 따뜻한

(운동) **워밍**업 – 몸이 따뜻해지고 살짝 땀이 나는 가벼운 운동, 글로벌 워밍(global warming) – 지구 온난화

0999 faucet
[fɔ́:sit]

명 수도꼭지(미국식 표현)

turn on a faucet – **수도꼭지**를 틀다

함께 익혀요 **tap** 통 톡톡 두드리다 명 마개, 수도꼭지(영국식 표현)
→ 탭댄스 – 발을 구르며 추는 춤

1000 heel
[hi:l]

명 발뒤꿈치

하이**힐** – 발뒤꿈치가 높은 신발

1001 theater
[θí:ətər]

명 극장(= theatre)

홈시어터 – 집에서 영화 등을 볼 수 있는 비디오/오디오
시스템

1002 feather
[féðər]

명 깃털

(권투) **페더**급 – 깃털저럼 가벼운 경량급

1003 feed
[fi:d]

동 먹이다, 공급하다(-fed-fed)

먹이다(feed)는 food(음식)에서 파생된 말이죠.

⊕ **food** 음식 → (백화점) 푸드 코트

 쉽게 풀어낸 어원

셀폰, 인터폰, 이어폰
phone은 **소리**를 뜻합니다.

1004 phone
[foun]

명 전화 동 전화를 걸다

1005 telephone
[téləfòun]

명 전화 동 전화를 걸다

전화(telephone)는 멀리서(tele) 들리는 소리(phone)

1006

sweat
[swet]

명 땀

땀(sweat)이 나면 마시는 포카리**스웨트**

1007

field
[fi:ld]

명 들판, 분야

필드하키는 아이스하키와 달리 잔디구장(field)에서
경기를 하죠.

1008

figure
[fígjər]

명 모양, 도형, 인물

피겨 스케이팅 – 얼음판 위를 활주하며 여러 가지 모양과
형태를 표현하는 스케이팅

함께익혀요 **skate** 동 스케이트를 타다 → 롤러스케이트

1009

appeal
[əpí:l]

동 호소하다, 간청하다 명 호소, 항의

심판에게 강하게 **어필**하다
이성에 어필하려면 감성에 호소하라.

1010

steel
[sti:l]

명 강철

(축구) 포항 **스틸**러스 – 강철 구단(강철을 생산하는
포스코 소속 팀)

1011

fine
[fain]

형 좋은, 가느다란 명 벌금

a fine day – **좋은** 날(맑게 갠 날)

1012

thumb
[θʌm]

명 엄지

Use your thumb. – 당신의 **엄지**를 사용하세요.

1013

flight
[flait]

명 비행, 비행편

flight는 fly(날다)에서 유래하여 **비행/비행편**(flight)
을 뜻하지요.

쉽게 풀어낸 어원

역에서 기차를 타고 내리는 평평한 곳을
플랫폼(platform)이라고 해요.
pla는 **평평한**을 뜻합니다.

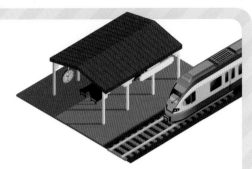

1014 **platform**
[plǽtfɔ:rm]

명 연단, 승강장
전철역 **플랫폼**에 스크린도어 설치

1015 **plate**
[pleit]

명 접시, 판
plate는 평평한(pla) 형태의 **접시/판**(plate)을
뜻합니다.

1016 **plain**
[plein]

명 평야 형 평범한, 쉬운
평평한(pla) 땅이 **평야**(plain)
– 평야는 특별한 게 없고 평범하죠(plain).

1017 **explain**
[ikspléin]

함께 익혀요
동 설명하다
설명할(explain) 때는 쉬운(plain) 용어를 쓰세요.

1018 **complain**
[kəmpléin]

함께 익혀요
동 불평하다, 항의하다
고객 **컴플레인**
➕ complaint 명 불평

1019 **flat**
[flæt]

함께 익혀요
형 평평한, 납작한, 펑크 난 명 아파트
플랫 슈즈 – 굽이 낮아 평평한(pla) 신발
– flat은 pla(평평한)와 생긴 모양이 비슷하죠?
의미도 비슷하답니다.

1020

flag
[flæg]

몡 깃발

한국 깃발(flag)은 펄럭~이고 미국 깃발은
플랙~거리나요?

1021

conflict
몡 [kánflikt] 통 [kənflíkt]

몡 투쟁, 갈등 통 싸우다

함께(con)와 싸우다(flict→fight)를 연관 지으면
투쟁/갈등/싸우다(conflict)가 됩니다.

1022

fruit
[fru:t]

몡 과일, 성과

스타 **프루트**(starfruit) – 별 모양의 열대과일
프루츠(fruits) 칵테일 – 여러 과일을 잘게 썰어 담은
통조림

1023

tool
[tu:l]

몡 도구, 연장

작업 **툴** – 작업 도구
포토샵 작업 툴

1024

rank
[ræŋk]

몡 열, 계급, 순위 통 등급을 매기다

우리나라 축구 대표팀의 FIFA **랭킹**이 몇 위인가요?
➕ ranking 몡 순위

1025

drum
[drʌm]

몡 북, 귀 고막 통 북을 치다

드럼을 시끄럽게 마구 치면 고막(drum)이 얼얼해질지도
몰라요.

1026

drug
[drʌg]

몡 약, 마약

드러그 스토어(영미권)에서는 약품뿐만 아니라 화장품
등의 잡화도 함께 팔죠.

1027

sort
[sɔ:rt]

통 분류하다, 골라내다 몡 분류, 종류, 유형

소팅 작업 – 분류 작업

DAY 21

Can you guess who she is?

그녀가 누구인지 짐작하시겠어요?

 Day21.mp3

 쉽게 풀어낸 어원

인공치아를 심는 임플란트(implant)의
plant는 **심다**를 뜻합니다.

1028 **plant** [plænt]	통 심다 명 식물, 공장, 설비 **플랜트** 산업 – 설비 산업, 해양 플랜트
1029 **implant** [implǽnt]	통 심다, 이식하다 안에(im→in) 심다(plant)
1030 **plenty** [plénti]	함께 익혀요 명 많음, 풍요, 풍부함 식물(plant)은 종류가 정말 **많아요**(plenty).

1031 **guest** [gest]	명 손님 스페셜 **게스트** – 특별한 손님 게스트 하우스 – 손님이 머무르는 집
1032 **guess** [ges]	통 추측하다, 생각하다 명 추측 손님(guest)이 누구인지 **추측해**(guess) 볼까요?

"한 단어당 **10**초씩 읽어 보세요."

 목표 시간: 15분

 걸린 시간: 분

1033 **guitar**
[gitάːr]

명 기타

통**기타**, 클래식 기타

1034 **guilty**
[gílti]

형 유죄의, 죄가 있는

사우디는 공공장소에서 음악을 틀어놓으면 유죄라는데
길거리에서 기타(guitar)를 쳐도 **유죄**(guilty)일까요?

➕ **guilt** 명 죄

1035 **good**
[gud]

형 좋은, 친절한 명 선(善)

굿모닝(Good morning.) – 좋은 아침입니다.

➕ **goods** 명 물건, 상품 → 물건(goods)을 팔 땐 이왕이면
좋은(good) 걸 팔아야죠.

1036 **god**
[gad]

명 신, 하나님(God)

god은 선(good)의 원천인 **신**(god)을 뜻합니다.

1037 **hope**
[houp]

동 바라다, 희망하다 명 희망, 기대

여러분은 우리의 **호프** & 희망

1038 **hop**
[hap]

동 깡충 뛰다

여러 섬을 깡충깡충 돌아다니는 **호핑** 투어
희망(hope)이 있으면 기뻐서 깡충깡충 뛰겠죠(hop)?

1039

war
[wɔːr]

명 전쟁

(영화) 스타**워**즈(Star Wars) – 별들의 전쟁

1040

warn
[wɔːrn]

동 경고하다

전쟁(war)이 임박했다면 국민들에게 **경고**해야(warn) 하죠.

➕ warning 명 경고

1041

reward
[riwɔ́ːrd]

명 상, 보수 동 보답하다

전쟁(war)이 끝난 뒤에 군인들에게 주는 **포상**(reward)

1042

hard
[haːrd]

형 단단한, 어려운 부 열심히

(컴퓨터) **하드**웨어 – 단단한 본체

하드 – 딱딱한 아이스크림

➕ hardworking 형 근면한, 부지런히 일하는

1043

hardly
[háːrdli]

부 거의 ~이 아닌

너무 단단하면 결국은 부러져서 허사가 되는 법
– hardly는 hard(단단한)에서 파생하여
거의 ~이 아닌(hardly)을 의미합니다.

1044

hardship
[háːrdʃip]

명 고난, 역경

배(ship)에서 멀미를 심하게 하는 것과 연계
– hardship은 hard(어려운)에서 파생되어
고난/역경(hardship)을 뜻하죠.

1045

feel
[fiːl]

동 느끼다 명 느낌

필이 좋다 – 느낌이 좋다

1046 gesture
[dʒéstʃər]

몡 몸짓 동 손짓하다
제스처가 멋지다. 제스처 – 몸짓 언어

1047 suggest
[səgdʒést]

동 암시하다, 제안하다
저런 제스처 아래에는 어떤 뜻이 숨어 있을까요?
– suggest는 아래(sug→sub)와
몸짓(gest→gesture)이 연계되어
암시하다/제안하다(suggest)가 됩니다.
➕ **suggestion** 명 암시, 제안

 쉽게 풀어낸 어원

득점 포인트, 포인트 카드에서
point는 **점(수)**를 뜻합니다.

Key Point

1048 point
[pɔint]

명 점, 요점, 포인트 동 찌르다, 지적하다
포인트가 뭐야? – 요점이 뭐야?

1049 appoint
[əpɔ́int]

동 임명하다, 지정하다, 약속하다
임명할(appoint) 때는 누군가를 점(point)으로
찍듯 콕 찍어서 임명하지요.
➕ **appointment** 명 지명, 약속

1050 disappoint
[dìsəpɔ́int]

동 실망시키다
임명되지 않으면 실망하겠죠.
– 벗어난(dis)과 임명하다(appoint)가 합쳐져
실망시키다(disappoint)가 됩니다.

1051 gallery
[gǽləri]

명 방청석, 복도

골프 **갤러리** – 골프 관람객, 갤러리 – 화랑

1052 however
[hauévər]

부 그렇지만, 하지만

He came. However, she did not come.
– 그는 왔다. **그러나** 그녀는 오지 않았다.

1053 garlic
[gáːrlik]

명 마늘

갈릭 팝콘, 갈릭 스테이크 피자

1054 gap
[gæp]

명 차이, 틈

갭이 크다 – 차이가 크다

1055 glove
[glʌv]

명 장갑

(야구) 골든 **글러브** – 황금 장갑(최우수 선수에게
수여하는 상)

1056 giraffe
[dʒərǽf]

명 기린

지프(Jeep)보다 목이 긴 기린(giraffe, **지라프**)

1057 slide
[slaid]

동 미끄러지다(-slid-slid) 명 하락

(놀이공원) 워터 **슬라이드** – 물 미끄럼 기구
(축구) 슬라이딩 태클 – 미끄러지며 거는 태클

1058 global
[glóubəl]

형 지구의, 세계적인

글로벌 이슈 – 세계적으로 논쟁이 되는 문제들

➕ globe 명 지구, 구

1059 **government**
[gʌ́vərnmənt]

몡 정부, 정치
government official – 공무원

➕ govern 몽 통치하다, 다스리다, 관리하다

 쉽게 풀어낸 어원

세계적으로 인기 있는(popular) 팝가수를
보면 사람들이 열광하죠.
popu 또는 **pub**가 들어간 단어는
사람들과 관련이 있습니다.

1060 **pop**
[pap]

몡 대중적인 몡 대중음악 몽 터지다
팝스타 마돈나, 옥수수가 터진 팝콘

➕ popular 몡 인기 있는, 대중의 → 팝송(popular song의 줄임말)
popularity 몡 인기, 유행, 평판, 대중성

1061 **population**
[pàpjuléiʃən]

몡 인구, 주민
population은 사람들(popu)이 모여 있는 것이니
인구/주민(population)을 뜻하죠.

1062 **public**
[pʌ́blik]

몡 공공의, 공적인
퍼블릭 라이브러리 – 공공 도서관
– public은 다수의 사람들(pub)을 위한
공공의/공적인(public)을 뜻하지요.

1063 **republic**
[ripʌ́blik]

몡 공화국
왕이 주인인 군주제와 달리 **공화국**(republic)이란
다시(re) 사람들(pub)이 주인인 나라를 말합니다.

1064 **publish**
[pʌ́bliʃ]

몽 출판하다, 발표하다
사람들(pub)에게 널리 알리기 위해 책을
출판하죠(publish).

1065

German
[dʒə́ːrmən]

형 독일의 명 독일인, 독일어

독일인의 뿌리가 **게르만** 족이죠.

1066

gull
[gʌl]

명 갈매기(= seagull)

(소설) **갈매기**의 꿈 – 원제는 Jonathan Livingston의 Seagull

 쉽게 풀어낸 어원

포터(porter)는 짐을 나르는 트럭이죠.
port는 **나르다** 또는 **항구**를 뜻합니다.

1067

port
[pɔːrt]

동 나르다 명 항구

포르투갈(Portugal)에는 **항구**(port)가 많지요.

1068

airport
[ɛ́ərpɔ̀ːrt]

명 공항

에어포트 리무진 – 공항 리무진 버스

함께 익혀요 harbor 명 항구 → 홍콩 하버시티 야경, 보스턴 하버 근처에 세운 하버드 대학교

1069

export
명 [ékspɔːrt]
동 [ikspɔ́ːrt]

명 수출 동 수출하다

밖으로(ex) 나르는(port) 것이 **수출**(export)이죠.

➕ import 명 [ímpɔːrt] 수입 동 [impɔ́ːrt] 수입하다
→ 안(im→in) + 나르다(port)

1070

important
[impɔ́ːrtənt]

함께 익혀요
형 중요한

외국에서 수입(import)한 물건은 **중요한**(important) 물건이 많겠죠?

1071
rabbit
[rǽbit]

몡 토끼

피터 **래빗** – 비어트릭스 포터가 쓴 동화에 나오는 주인공 토끼

1072
labor
[léibər]

몡 노력, 노동　통 일하다

실험실을 흔히 lab–랩이라고 하지요.
과학자들은 실험실(lab)에서 열심히 **일**(연구)하죠(labor).

1073
hammer
[hǽmər]

몡 망치　통 박다

해머는 쇠로 된 큰 망치예요. 천둥의 신 토르는 손에 해머를 들고 있지요.

1074
thief
[θi:f]

몡 도둑

He is a thief. – 그는 **도둑**이다.

➕ thieve 통 훔치다

1075
handkerchief
[hǽŋkərtʃif]

몡 손수건

요즘 직장인들은 넥타이 대신 **행커치프**로 포인트를 주기도 하지요.

1076
meal
[mi:l]

몡 식사, 한 끼니

오트**밀**(oatmeal)
– 빻은 귀리로 만든 미국식 아침식사용 죽

1077
hook
[huk]

몡 갈고리　통 구부리다

후크 선장의 갈고리 손
(농구) 훅슛 – 갈고리 모양으로 던지는 슛

1078
hawk
[hɔ:k]

몡 매

블랙 **호크** – 검은 매, 치킨 호크 – 매의 흉내를 내는 닭

DAY 22

I was impressed with your story.

저는 당신의 이야기에 감동을 받았어요.

 Day22.mp3

🔧 **쉽게 풀어낸 어원**

농구 경기에서 '올코트 프레싱'은 '압박 수비'를 뜻해요.
press는 **누르다**를 의미합니다.

1079

press
[pres]

동 누르다　명 출판, 인쇄, 언론계

프레스 카드 – 신문기자가 휴대하는 출입 허가증

➕ **pressure** 명 압력, 압박, 기압 → 프레셔 쿠커 – 압력솥

1080

impress
[imprés]

동 감동시키다

마음속(im→in)을 찡하게 누르는(press) 것이 바로
감동(impress)이지요.

➕ **impression** 명 인상, 감명　**impressive** 형 인상적인

1081

express
[iksprés]

명 급행열차　형 고속의　동 표현하다

익스프레스 웨이 – 고속도로
– 밖(ex)과 누르다(press)가 연결되면
급행열차/고속의/표현하다(express)가 됩니다.

1082

depress
[diprés]

동 억압하다, 낙담시키다, 우울하게 하다

아래로(de) 찍어 누르면(press)
억압하다/우울하게 하다(depress)가 됩니다.

"한 단어당 **10초**씩 읽어 보세요."

목표 시간: 15분

걸린 시간: 분

1083 **holiday**
[hάlədèi]

몡 휴일

Happy holiday! – 행복한 **휴일** 보내세요!

1084 **holy**
[hóuli]

톙 신성한, 경건한

휴일(holiday)은 원래 신을 경배하는 **신성한**(holy)
날이었는데 나중에 오늘날의 휴일이 되었다고 해요.

1085 **poor**
[puər]

톙 가난한, 불쌍한, 서투른

(경제 상식) 하우스 **푸어** – 집 가진 가난한 사람(무리한
은행대출로 인한 이자 부담 때문에 빈곤하게 사는 사람들)

1086 **poverty**
[pάvərti]

몡 가난, 빈곤

poverty는 poor(가난한)에서 유래하여
가난/빈곤(poverty)을 뜻합니다.

1087 **property**
[prάpərti]

몡 재산, 소유권

가난(poverty)과 모양은 비슷하지만 상반된 개념을 갖는
재산/소유권(property)

1088 **proper**
[prάpər]

톙 적절한, 알맞은

재산(property)은 얼마나 있어야
적절할까요(proper)?

쉽게 풀어낸 어원

멋진 포즈(pose)를 취하려면
몸의 위치를 제대로 놓는 것이 중요하죠.
pos는 **놓다**를 뜻합니다.

1089
pose
[pouz]

명 포즈, 자세 동 자세를 취하다

함께 익혀요 **pause** 명 멈춤, 중단 동 잠시 멈추다
→ 안정된 포즈(pose)를 취하려면 움직임을 멈추세요(pause).

1090
posture
[pástʃər]

명 자세, 태도
자세(posture)는 포즈/자세(pose)의 유의어예요.

1091
propose
[prəpóuz]

동 청혼하다, 제안하다, 제출하다
연인 앞에 꽃을 놓으며 **프러포즈**를 하죠.
– 앞(pro)과 놓다(pos)가 합쳐져
청혼하다/제안하다(propose)가 됩니다.
➕ **proposal** 명 청혼, 신청, 제안

1092
oppose
[əpóuz]

동 반대하다, ~에 대항하다
부정의 의미(o→a) + 놓다(pos)
➕ **opponent** 명 적, 적수, 상대

1093
suppose
[səpóuz]

동 가정하다, 상상하다
개구리가 우물 아래(sup→subway 연상)에서 세상을
상상하는 모습 연상
– 아래(sup)와 놓다(pos)가 결합하면
가정하다/상상하다(suppose)가 됩니다.

1094
compose
[kəmpóuz]

동 작곡하다, 작문하다, 구성하다
작곡가는 '소프라노–알토–테너–베이스'를 같이 배열하여
멋진 악보를 만들지요.
– 같이(com)와 놓다(pos)가 합쳐져 **작곡하다/
작문하다/구성하다**(compose)가 되지요.

| 1095 | **position**
[pəzíʃən] | 명 위치, 지위
(스포츠) **포지션** 이동 – 위치 이동 |

| 1096 | **health**
[helθ] | 명 건강
헬스클럽 – 건강을 위한 운동시설을 갖춘 체육관
(정확한 영어 표현은 fitness center) |

| 1097 | **wealth**
[welθ] | 명 재산, 부
건강(health)이 최고의 **재산**(wealth)이지요. |

| 1098 | **healing**
[híːliŋ] | 명 치료
힐링 여행 – 지친 몸과 마음을 치료하는 여행, 힐링 체험
➕ heal 통 낫게 하다, 고치다 |

| 1099 | **heat**
[hiːt] | 명 열 통 가열하다
가스**히터**, 전기히터 |

| 1100 | **tomb**
[tuːm] | 명 무덤, 묘
〈**툼**레이더(Tomb Raider)〉라는 영화와 게임이 있죠.
무덤에 침입한 사람이라는 뜻이니 '도굴꾼' 정도로
해석하면 됩니다. |

| 1101 | **hero**
[híərou] | 명 영웅, 주인공
(야구) 넥센 **히어로**즈 – 영웅 구단
오늘의 히어로 – 오늘의 영웅/주인공
➕ heroine 명 여주인공, 여걸 |

1102 history
[hístəri]

뗑 역사

히스토리 다큐 – 역사 다큐

역사 박물관(history museum)

1103 hide
[haid]

뙤 숨다, 숨기다(-hid-hidden)

히든카드 – 숨어 있는 카드

숨바꼭질(hide-and-seek)

 쉽게 풀어낸 어원

‘프린스’는 왕국의 첫 번째(으뜸) 아들인 ‘왕자’를 말해요.
prin 혹은 **prim**은 **첫째**를 뜻합니다.

1104 prince
[prins]

뗑 왕자

프린스 윌리엄 – 윌리엄 왕자(영국)

➕ princess 뗑 공주 → 프린세스 다이어리 – 공주의 일기

1105 principal
[prínsəpəl]

뗑 교장, 우두머리 혱 주요한

학교에서 첫 번째(prin)인 **교장**(principal)
– 펜팔(pen pal) 하시는 교장선생님 연상

함께 익혀요 pal 뗑 친구, 동료 → 펜팔 친구

1106 principle
[prínsəpl]

뗑 원리, 법칙

가장 중요한(첫 번째, prin) 공식이
원리/법칙(principle)이지요.

1107 primary
[práimeri]

혱 최초의, 초등의, 중요한

최초의(primary) 학교인 초등학교(primary school)

1108
homework
[hóumwə̀ːrk]

명 숙제, 과제

학생이 집(home)에서 하는 작업(work)이
숙제(homework)죠.

➕ **hometown** 명 출생지, 고향 형 고향의 **homesick** 형 향수병의

1109
horror
[hɔ́ːrər]

명 공포, 전율, 호러

무시무시한 **호러** 영화 보러 갈래?

➕ **horrible** 형 끔찍한, 무서운

1110
handle
[hǽndl]

명 손잡이, 핸들 동 손으로 다루다

자동차 **핸들** – 자동차 운전대
(올바른 영어 표현은 steering wheel)

1111
handicap
[hǽndikæp]

명 장애, 불리한 조건

핸디캡을 극복한 운동선수, 불리한 핸디캡 극복

1112
hit
[hit]

동 치다, 때리다 명 유행

(야구) **히트** & 런 – 치고 달리기
히트송 – 유행을 일으킨 노래, 히트치다 – 유행하다

1113
hurry
[hʌ́ri]

동 서두르다

Hurry up! – **서둘러**!

함께 익혀요 **hurrah** 감 만세

1114
lump
[lʌmp]

명 덩어리, 혹

럼프 슈거(lump sugar) – (덩어리로 된) 각설탕

1115
want
[want]

동 원하다, 필요로 하다, 부족하다 명 부족

What do you want? – 뭘 **원**하세요?

1116 hut
[hʌt]

몡 오두막, 임시 가옥
피자**헛**(hut)은 오두막에 있나요?

1117 hurt
[həːrt]

통 다치다, 다치게 하다(-hurt-hurt)
오두막(hut)에 들어가지 않으면 사나운 짐승 때문에
다칠(hurt) 수도 있어요.

 쉽게 풀어낸 어원

노벨 프라이즈(노벨상)는 가치 있는 상이죠.
prize는 **가치, 상**을 뜻합니다.

1118 prize
[praiz]

몡 상, 상금
상(prize)으로 프라이드(pride) 자동차를 받았어요.

1119 price
[prais]

몡 값, 물가
가치(prize)는 **값**(price)으로 평가되기도 하죠.

1120 precious
[préʃəs]

혱 귀중한
값(price)이 나가는 물건은 **귀중한**(precious)
물건이겠죠?

1121 appreciate
[əpríːʃièit]

통 감사하다, 감상하다, 평가하다
귀중한(precious) 것에 대해 늘 **감사해야**(appreciate)
해요.

1122 **noble**
[nóubl]

형 고귀한, 귀족의
노블레스 오블리주(noblesse oblige)
– 귀족은 그에 따르는 의무를 갖지요.

1123 **imagine**
[imǽdʒin]

동 상상하다
어떤 모양(image)을 **상상하다**(imagine).
⊕ imagination 명 상상력

1124 **emperor**
[émpərər]

명 황제
미국 자본주의의 상징 – **엠파이어**스테이트 빌딩
(일명 뉴욕의 황제 빌딩)

1125 **reply**
[riplái]

동 대답하다 명 응답
인터넷 댓글을 뜻하는 **리플**은 리플라이(reply)의
줄임말이죠.

1126 **talent**
[tǽlənt]

명 재주, 재능, 재능 있는 사람
요즘 TV **탤런트**들은 연기 외에도 참 재능(talent)이
많아요.

1127 **prosper**
[práspər]

동 번영하다
재산이 플러스(plus)만 된다면 엄청 **번영하겠죠**
(prosper)?
⊕ prosperous 형 번영한, 번창한 prosperity 명 번영

1128 **steady**
[stédi]

형 꾸준한, 한결같은
스테디셀러 – 꾸준한 판매가 이루어지는 책

1129 **gentleman**
[dʒéntlmən]

명 신사
레이디스 & **젠틀맨** – 신사 숙녀 여러분

DAY 23

Tears are rolling down her cheeks.

그녀의 뺨으로 눈물이 흐르고 있어요.

Day23.mp3

1130 **chicken**
[tʃíkən]

명 닭

프라이드**치킨** – 닭튀김

⊕ chick 명 병아리

1131 **cheek**
[tʃiːk]

명 볼, 뺨

치크 메이크업 – 볼 색조 화장

치킨(chicken)을 많이 먹으면 볼(cheek)이 달걀처럼 볼록 튀어나오나요?

1132 **mate**
[meit]

명 동료, 친구, 짝, 부부의 한쪽

룸**메이트** – 방을 같이 쓰는 동료

1133 **intimate**
[íntəmət]

형 친밀한

친구(mate)라면 **친밀한**(intimate) 사이겠죠?

1134 **joke**
[dʒouk]

명 농담, 장난 동 농담하다

이건 **조크**야. – 이건 농담이야., 유머 & 조크

1135 **job**
[dʒab]

명 직업, 일

OJT는 '**직장** 내 훈련'인 on the job training의 약자예요.
– 일(job)은 장난(joke)이 아니랍니다.

"한 단어당 **10초**씩 읽어 보세요."

 목표 시간: 15분

 걸린 시간: 　분

1136
fight
[fait]

동 싸우다

(격투기) **파이트**머니 – 선수가 경기(싸움)의 대가로 받는 돈, 대전료 (참고로 '파이팅 – 힘내'라는 표현은 잘못된 표현이며 'Cheer up – 치어 업'이 올바른 표현)

함께 익혀요 **bite** 동 물다(-bit-bitten) 명 한 입, 물린 상처
→ 싸울(fight) 때 물면(bite) 치사한 거죠.

1137
fright
[frait]

명 놀람, 공포

갑자기 주변에서 누군가 싸우면(fight)
몹시 **놀라겠죠**(fright).

➕ **frightful** 형 무서운, 소름 끼치는, 기괴한 **frighten** 동 놀라게 하다

 쉽게 풀어낸 어원

세인트루이스처럼 성인(聖人)으로 인정된
사람의 이름 앞에는 Saint를 붙이죠.
sa 또는 **sac**은 **신성한**을 뜻합니다.

1138
saint
[seint]

명 성인, 성자

세인트루이스 대학교
성인(聖人) 세인트(saint) 프란체스코

1139
sacrifice
[sǽkrəfàis]

명 제물, 희생 동 희생하다

sacrifice는 거룩한(sac)과 불(fice→fire)이 합쳐져
제물/희생/희생하다(sacrifice)가 됩니다.

쉽게 풀어낸 어원

공이 다시 튀어 오르는 것을 리바운드(rebound)라고 하죠.
re는 **다시**를 뜻합니다.

1140
rebound
[ribáund]

명 리바운드 동 다시 튀다

➕ **bound** 명 도약 동 튀어 오르다, 경계를 짓다

1141
remind
[rimáind]

동 생각나게 하다, 상기시키다

다시(re) 정신(mind)이 들게 하는 걸
상기시킨다(remind)고 해요.

➕ **mind** 명 정신, 마음 동 유의하다, 꺼리다 → 정신을 다스리는
마인드 컨트롤, 마인드가 중요하다

1142
recycle
[riːsáikl]

동 재활용하다 명 재생, 재활용

리사이클 아트 센터 – 재활용 예술 센터
– recycle은 다시(re)와 순환(cycle)이 결합되어
재활용하다(recycle)를 뜻합니다.

➕ **cycle** 명 순환, 주기, 자전거 → 사이클 동호회

1143
research
[risə́ːrtʃ]

명 조사, 연구 동 연구하다

어두울 때 **서치**라이트(탐조등)가 있으면 물건을 쉽게
찾을 수 있지요.
– 다시(re)와 찾다(search)가 결합하여
조사/연구/연구하다(research)가 됩니다.

➕ **search** 동 찾다, 수색하다 명 찾기, 수색
→ 서치 엔진 – 검색 엔진(정보를 찾는 검색 사이트)

1144
return
[ritə́ːrn]

동 돌아가다, 돌아오다 명 귀환

유럽 여행 **리턴** 티켓 – 유럽 여행 돌아오는 항공권
– 다시(re) + 돌다(turn)

➕ **turn** 동 돌다, 돌리다 명 차례 → 유턴 – U자 형태로 도는 것

1145 repair
[ripéər]

⟨동⟩ 수리하다 ⟨명⟩ 수선

짝(pair)이 안 맞으면 다시(re) 짝이 맞도록 **고쳐야죠**.
– 다시(re)와 짝(pair)이 합쳐지면 수리하다/수선(repair)이 됩니다.

1146 prepare
[pripéər]

⟨함께 익혀요⟩
⟨동⟩ 준비하다

미리(pre) 짝(pare→pair)을 맞추는 게
준비하는(prepare) 것이죠.

1147 coast
[koust]

⟨명⟩ 해안

(호주) 골드 **코스트** – 황금빛 해안
놀이공원의 롤러코스터(rollercoaster)는 유람선
(coaster, 코스터)처럼 출렁거려요.

1148 boast
[boust]

⟨동⟩ 자랑하다

해변(coast)에 가면 멋진 수영복을 입고
자랑(boast)하는 사람들을 볼 수 있어요.

1149 kick
[kik]

⟨동⟩ 차다

킥복싱– 발로 차는 킥과 주먹으로 치는 복싱이 결합된
운동, (축구) 프리킥 – 상대 선수의 방해를 받지 않고
자유롭게 공을 차는 것

1150 sick
[sik]

⟨형⟩ 아픈, 병든, 싫증이 난

발로 돌을 차면(kick) 발이 **아파요**(sick).

1151 tooth
[tu:θ]

⟨명⟩ 치아, 이

블루**투스** – 푸른 이빨(bluetooth)이라는 뜻으로
블루베리를 즐겨 먹어서 치아가 파란색이었던
덴마크 국왕의 별명에서 유래했다고 해요.

쉽게 풀어낸 어원

호모 에렉투스(Homo Erectus)는 직립 인간, 즉 똑바로 선 인간을 뜻하죠.
rect 또는 **reg**는 **똑바로, 바른**을 뜻합니다.

1152
direct
[dirékt / dairékt]

图 지시하다 图 직접의, 똑바른

(배구) **다이렉트** 공격 – 상대방의 서브를 직접 공격하는 것
– 아래(di→down)에 있는 사람들에게 똑바로(rect) 하라고
말하는 지시하다(direct)

➕ direction 명 방향, 지시, 명령

1153
correct
[kərékt]

图 고치다, 교정하다 图 올바른

교정(矯正)이란 다 같이 **바른** 상태로 만드는 것
– 다 같이(cor)와 똑바로(rect)가 결합되어
고치다/교정하다/올바른(correct)이 됩니다.

➕ incorrect 图 틀린, 부정확한

1154
rectangle
[réktæŋgl]

명 직사각형

세 개(tri)의 각(angle)이 있으면 트라이앵글(triangle, 삼각형)
– rectangle은 바른(rect) 각(angle)을 갖고 있으므로
직사각형(rectangle).

함께 익혀요 square 명 정사각형, 광장 图 제곱의 → 타임 스퀘어 광장

1155
regular
[régjulər]

图 보통의, 규칙적인

레귤러 피자 – 보통 사이즈 피자

1156
regulate
[régjulèit]

图 규제하다, 조정하다

규칙은 올바른(reg) 기준에 따라 **규제해야죠**(regulate).

➕ regulation 명 규칙, 규제

1157
region
[ríːdʒən]

명 지역, 행정구

올바른(reg) 기준에 따라 나누어진 **행정구**(region)

1158

instead
[instéd]

분 대신에, 그보다는

Give me this apple instead. **대신** 이 사과를 주세요.

1159

inner
[ínər]

형 안의, 내부의

이너서클

+ into 전 ~안으로, ~로

1160

invest
[invést]

동 투자하다

투자할 때는 최고의(best) 것에 투자해야죠(invest).

1161

iron
[áiərn]

명 쇠, 철 동 다림질하다

(영화) **아이언** 마스크 – 중세 시대 철가면 이야기

– 아연과 철(iron)은 모두 광물이에요.

1162

issue
[íʃuː]

명 논란거리, 쟁점, 발행 동 발행하다

핫**이슈**. 주요 이슈와 쟁점

1163

cost
[kɔːst]

동 비용이 들다(-cost-cost) 명 비용

코스트를 낮추다 – 비용을 낮추다

코스트 제로 – 비용 제로

1164

journal
[dʒə́ːrnl]

명 일간신문, 잡지

여행 **저널** – 여행 잡지

저널리스트(journalist) – 신문이나 잡지 일에 종사하는 사람

1165

journey
[dʒə́ːrni]

명 여행

여행(journey) 떠나면 좋으니?

뮤직 저니 – 음악 여행

1166

iceberg
[áisbəːrg]

명 빙산

얼음(ice)이 모이면 **빙산**(iceberg)이 되지요.

1167 jinx
[dʒiŋks]

몡 징크스, 불길한 일

거울이 깨지면 안 좋은 일이 생기는 **징크스**

1168 dunk
[dʌŋk]

툉 밀어 넣다, 담그다

(농구) **덩크**슛

1169 dump
[dʌmp]

툉 버리다

덤프트럭에 실어서 쓰레기를 버리다(dump)
덤핑 세일

1170 dumb
[dʌm]

혱 벙어리의, 우둔한

(영화) **덤** 앤 더머 – 바보스러운 두 남자 이야기

1171 kettle
[kétl]

몡 주전자, 솥

케틀벨 – 주전자 모양의 운동기구

1172 kind
[kaind]

혱 친절한 몡 종류

You are very kind. – 너는 정말 **친절하다**.

➕ unkind 혱 불친절한 kindness 몡 친절
mankind 몡 인간, 인류, 남성 → 사람(man) + 종류(kind)

1173 kingdom
[kíŋdəm]

몡 왕국

왕(king)이 다스리는 나라가 **왕국**(kingdom)이지요.

1174 sink
[siŋk]

툉 가라앉다, 침몰하다 몡 부엌 싱크대, 세면대

싱크대 – 개수대
싱크홀 – 가라앉은 구멍(땅에 패인 큰 구멍)

1175 **kindergarten**
[kíndərgà:rtn]

명 유치원

잉글리시 **킨더가튼** – 영어 유치원
미국의 공립학교는 킨더가튼부터 시작되죠.

1176 **knock**
[nak]

동 두드리다, 치다, 때리다

화장실에 들어가기 전엔 **노크**해야죠.

1177 **knee**
[ni:]

명 무릎

(격투기) **니**킥 – 무릎 치기

 쉽게 풀어낸 어원

세안을 할 때 스크럽을 하고 나면 개운하죠.
scr로 시작하는 단어는 대부분
긁다와 관련이 있습니다.

1178 **scrub**
[skrʌb]

동 문지르다

(화장품) **스크럽** – 미세한 알갱이를 이용해 피부를
가볍게 문질러 각질을 제거해주는 제품

1179 **scratch**
[skrætʃ]

동 긁다, 할퀴다   명 긁은 자국

긁어서(scr) 그림을 그리는 **스크래치**북

함께 익혀요 itch 명 가려움 동 가려움을 일으키다 itchy 형 가려운

1180 **scar**
[ska:r]

함께 익혀요
명 상처

긁어서(scr) 생긴 **상처**(scar)가 있으면 스카프(scarf)로
가리세요.

DAY 24

Leaves are fallen on the ground.

나뭇잎들이 바닥에 떨어져 있어요.

 Day24.mp3

1181

night
[nait]

명 밤

나이트가운 – 밤에 입는 길고 헐거운 잠옷
아라비안나이트

➕ tonight 명 오늘 밤

1182

might
[mait]

명 힘

귀신들은 밤(night)에만 **힘**(might)이 생겨 활동을 하나요?

1183

merry
[méri]

형 즐거운

메리 크리스마스!(Merry Christmas!)

1184

marry
[mǽri]

동 결혼하다

결혼하는(marry) 것은 즐거운(merry) 일이죠.

1185

leaf
[li:f]

명 잎 (복수 – leaves)

리플릿(leaflet) – 작은 잎사귀처럼 제작된 홍보 인쇄물
리프 티(leaf tea) – 잎 채로 우려내는 차

1186

leap
[li:p]

동 도약하다, 뛰어오르다

떨어지는 것이 있으면 **뛰어오르는** 것도 있죠.
– leap는 떨어지는 잎사귀(leaf)와는 반대로
뛰어오르다/도약하다(leap)를 뜻하지요.

"한 단어당 **10초**씩 읽어 보세요."

목표 시간: **15분**

걸린 시간: 분

1187 **dead**
[ded]

형 죽은, 마비된

데드라인 – 넘어서면 죽게 되는 선(마감시한, 최종 기한)
(야구) 데드볼 – 투수가 던진 공이 타자에게 맞으면
죽은 공으로 인정되어 타자가 1루로 진출하게 됨.

➕ **deadly** 형 치명적인, 매우 심한 **death** 명 죽음

1188 **deaf**
[def]

형 귀먹은, 무관심한

죽은(dead) 사람은 **귀먹은**(deaf) 상태죠.

1189 **debt**
[det]

명 빚, 채무

죽은(dead) 사람까지 따라다닌다는 무시무시한
빚/채무(debt)

1190 **bread**
[bred]

명 빵

허니 **브레드**
갈릭(garlic) 브레드 – 마늘빵

1191 **breath**
[breθ]

명 숨, 호흡, 생기

쉬지 않고 빵(bread)을 먹었으면 잠깐 **숨**(breath)을
쉬세요. 헉헉~

➕ **breathe** 동 숨 쉬다, 호흡하다

1192 **thread**
[θred]

명 거미줄, 실 동 실을 꿰다

거미가 빵(bread)을 먹으면 **거미줄**(thread)이
나올까요?

1193 light
[lait]

圐 빛 圀 가벼운 圁 불을 붙이다

헤드**라이트** – 자동차 앞부분에 빛을 비추는 장치
(권투) 라이트 플라이급 – 날아갈 듯이 가벼운 체급

➕ **lighthouse** 圐 등대

1194 slight
[slait]

圀 적은, 하찮은

가벼운(light) 것은 보통 양도 **적지요**(slight).

1195 delight
[diláit]

圁 즐겁게 하다 圐 즐거움

밝은 불빛 아래는 **즐거움**이 있겠죠?
– 아래(de)와 빛(light)이 결합하여
즐겁게 하다/즐거움(delight)이 됩니다.

1196 bright
[brait]

圀 밝은, 영리한 圂 환히

밝은(bright)과 빛(light)은 서로 뗄 수 없는 관계죠.

쉽게 풀어낸 어원

편지를 다 쓴 후에 덧붙여 쓰는 글을
postscript(추신, P.S.)라고 합니다.
scri는 **쓰다**를 뜻해요.

1197 scribe
[skraib]

圁 쓰다

1198 describe
[diskráib]

圁 묘사하다, 표현하다

아래(de)와 쓰다(scribe)가 결합되어
묘사하다/표현하다(describe)가 됩니다.

| 1199 | **lady** [léidi] | 몡 숙녀, 귀부인 **레이디** 퍼스트(lady first) – 숙녀 먼저 (여성을 배려할 때 쓰는 말) |

| 1200 | **lad** [læd] | 몡 젊은이, 청년, 소년 숙녀(lady)를 도와주는 **젊은이/청년/소년**(lad) **함께 익혀요** ladder 몡 사다리 → 소년(lad)이 기어 올라가는 사다리 (ladder) |

| 1201 | **glad** [glæd] | 톙 기쁜, 즐거운 젊은이(lad)는 언제나 **즐거운**(glad) 인생을 살죠. 희망찬 미래가 있으니까요. |

| 1202 | **laugh** [læf] | 통 웃다 젊은이(lad)라면 힘든 일이 있어도 **웃겠죠**(laugh)? ➕ laughter 몡 웃음, 웃음소리 |

| 1203 | **little** [lítl] | 톙 어린, 작은, 적은, 거의 없는 **리틀** 야구단 – 어린이 야구단 |

| 1204 | **riddle** [rídl] | 몡 수수께끼 어린(little) 아이들이 좋아하는 **수수께끼**(riddle) |

| 1205 | **sorry** [sɔ́:ri] | 톙 미안한, 가엾은, 섭섭한, 유감스러운 I am so sorry. – 정말 **미안합니다.** |

| 1206 | **sorrow** [sɑ́rou] | 몡 슬픔, 비애 딱한(sorry) 일이 더욱 악화되면 **슬픔/비애**(sorrow) 가 되지요. |

1207 filter
[fíltər]

명 여과기 동 거르다

정수기 **필터** 교환

1208 neat
[ni:t]

형 산뜻한, 단정한

니트(knit)를 입으면 **산뜻한가요**(neat)?

함께 익혀요 knit 동 뜨개질을 하다, 뜨다

1209 laundry
[lɔ́:ndri]

명 세탁물, 세탁소

코인 **론더리** – 동전 세탁소

호텔 론더리 서비스 – 호텔의 세탁 서비스

1210 liberty
[líbərti]

명 자유, 해방, 방종

뉴욕 **리버티** 섬에 있는 자유의 여신상

(축구) 리베로(libero) – 포지션이 자유로운 선수

1211 leopard
[lépərd]

명 표범

표범(leopard)은 셰퍼드(개)와 비슷하게 생겼나요?

스노 레퍼드– 멸종 위기의 눈 표범

1212 legend
[lédʒənd]

명 전설

힙합계의 **레전드** – 힙합계의 전설

1213 liquid
[líkwid]

명 액체 형 액체의

(화장품) **리퀴드** 파운데이션 – 액상형 파운데이션

1214 medal
[médl]

명 메달, 상패, 훈장

금**메달**, 은메달, 동메달

쉽게 풀어낸 어원

지면을 나누어서 분야별로 기사를 싣는 섹션(section) 신문.
se 또는 **sect**는 **나누다, 자르다**를 뜻합니다.

1215
section
[sékʃən]

명 구역, 부(部), 자르기
(신문) 스포츠 **섹션** – 스포츠 면
섹션을 나누다 – 구역을 나누다

1216
insect
[ínsekt]

명 곤충, 벌레
벌레들은 식물 안쪽까지 갉아먹죠.
– 안(in)과 자르다(sect)가 결합되어
곤충/벌레(insect)가 됩니다.

1217
secret
[síːkrit]

명 비밀 형 비밀의
탑 **시크릿** – 1급 비밀
– 일반 정보로부터 따로 나누어져(se) 있는 것이
비밀(secret)이죠.

1218
secretary
[sékrətèri]

명 비서, 장관
사장의 비밀(secret) 업무까지 취급하는
비서(secretary)

1219
severe
[sivíər]

형 심한, 엄격한
자르는 데에는 격렬한 고통이 따르는 법
– severe는 se(자르다)에서 유래하여
심한/엄격한(severe)을 뜻합니다.

1220
several
[sévərəl]

형 몇 개의
귤을 자르면 여러 조각이 되죠.
– several은 se(자르다)에서 유래하여
몇몇의(several)라는 뜻이 되었습니다.

1221
separate
형 [sépərət] 동 [sépərèit]

형 분리된 동 떼어놓다
(스피드 스케이팅) **세퍼레이트** 경기
– 빙상 경기는 위험하기 때문에 선수별로 나누어진(se)
코스를 달리는 경기 방식이 많답니다.

1222 metal
[métl]

명 금속

메탈 알레르기 – 금속 알레르기

– 메달(medal)은 금속(metal)으로 만들지요.

1223 royal
[rɔ́iəl]

형 왕의, 왕조의, 위엄 있는

여왕벌이 먹는다는 **로열**젤리, 로열패밀리 – 왕실, 황족

함께 익혀요 regal 형 왕의, 당당한

 쉽게 풀어낸 어원

'난센스 퀴즈', '센스 있다'에서
sen은 **느끼다**를 뜻합니다.

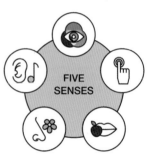

FIVE
SENSES

1224 sense
[sens]

명 센스, 감각, 지각
동 느끼다

1225 sensitive
[sénsətiv]

형 민감한, 감수성이 강한

감정을 잘 느끼는(sen) 사람은
민감한/감수성이 강한(sensitive) 사람이죠.

– sensitive한 사람은 TV만 봐도 눈물을 흘리죠.

함께 익혀요 nervous 형 긴장한, 신경질적인 → 너무 긴장하면
노이로제(neurosis) 걸릴지도 몰라요.

1226 sentimental
[sèntəméntl]

형 감정적인, 감상적인

센티멘털하다 – 감성적이다

– 느끼다(sen)와 정신의(mental)가 결합되면
감정적인/감상적인(sentimental)이 됩니다.

1227 resent
[rizént]

동 분개하다, 분노하다

화가 치밀면 역(逆)감정을 느끼죠?

– 뒤(re, 逆)와 느끼다(sen)가 연계되어
분개하다/분노하다(resent)가 되지요.

1228 lucky
[lʌ́ki]

형 행운의

럭키 가이 – 행운아

⊕ luck 명 행운 → Good luck! – 행운을 빕니다!

1229 lot
[lat]

명 구역, 몫, 운명, 많음

파킹 **랏**(parking lot) – 주차장(주차 구역)

⊕ lottery 명 복권 뽑기, 추첨 → 로또 복권 a lot 부 대단히, 많이
→ Thanks a lot. – 대단히 감사합니다.

1230 machine
[məʃíːn]

명 기계

타임**머신** – 시간 여행을 떠나는 기계

1231 marble
[máːrbl]

명 대리석 형 대리석의

지구를 블루 **마블**(blue marble)이라고 하죠. 달 탐사선
아폴로 호에서 찍은 지구 사진이 푸른 대리석 같다고 해서
붙여진 이름이에요.

1232 hang
[hæŋ]

동 걸다, ~에 걸려있다(-hung-hung)

행어(hanger) – 옷걸이 ('행거'는 잘못된 발음)

1233 heart
[haːrt]

명 심장, 마음

하트 모양 풍선

함께 익혀요 mental 형 마음의, 정신의

1234 join
[dʒɔin]

동 연결하다, 결합하다, 가입하다 명 결합

조인하다 – 연결하다

Join a club – 클럽에 가입하다

1235 flash
[flæʃ]

명 반짝임, 손전등 동 번쩍이다

과속을 하면 단속 카메라의 **플래시**가 번쩍하고 터져요.
유명인은 어딜 가나 플래시 세례를 받죠.

DAY 25

He deserves praise.

그는 칭찬을 받을 만해요.

Day25.mp3

1236 magic
[mǽdʒik]

명 마술, 마법 동 ~에 마법을 걸다

매직 쇼 – 마술 쇼

➕ **magical** 형 마법의, 신기한

1237 magnet
[mǽgnit]

명 자석

마술(magic)처럼 쇠를 붙이는 **자석**(magnet)의 원리를 아세요?

➕ **magnetic** 형 자기장에 의한

1238 matter
[mǽtər]

명 일, 문제 동 중요하다

What's the matter with you? – 너 무슨 **일** 있어?

1239 material
[mətíəriəl]

명 물질, 재료 형 물질적인

살아가는 데 **물질**(material)이 중요하죠(matter).

1240 nap
[næp]

명 낮잠 동 잠깐 졸다

낮잠(nap) 자다가 침을 흘리면 필요한 냅킨(napkin) 연상

1241 map
[mæp]

명 지도

인터넷 **맵** – 인터넷 지도

낮잠(nap) 자며 침으로 그린 지도(map) 연상

"한 단어당 **10초**씩 읽어 보세요."

목표 시간: 15분

걸린 시간: 　분

쉽게 풀어낸 어원

축구 용어 '리저브(reserve)팀'은
1군 팀을 지키기 위한 예비전력팀,
즉 2군 팀을 가리키죠.
serv에는 지키다, 보존하다라는
의미가 있어요.

1242

reserve
[rizə́:rv]

동 저축하다, 남겨두다, 예약하다

리저브 와인 – (뒤에 남겨놓은) 숙성된 와인
– 뒤(re)와 지키다(serv)가 결합되어
저축하다/남겨두다/예약하다(reserve)가 됩니다.

➕ reservation 명 예약

1243

deserve
[dizə́:rv]

동 ~할 만하다, ~을 받을 만하다

대한민국 제일 아래에(de) 있는 마라도를 지키는(serv)
이유는 소중하게 **지킬 만한**(deserve) 가치가 있는
우리 영토이기 때문이지요.

1244

observe
[əbzə́:rv]

동 관찰하다, 보다, 준수하다

(시사용어) **옵서버** – 관찰자
옵서버는 소중한 것을 지키기(serv) 위해 두 눈을
부릅뜨고 관찰하죠(observe).

1245

left
[left]

명 왼쪽 형 왼쪽의

(권투) **레프트** 잽 – 왼쪽 주먹을 뻗는 동작

1246 life [laif]

몡 생명, 목숨

라이프 재킷 – 목숨을 구하는 조끼(구명조끼)

➕ live 툉 살다 alive 혱 살아있는 lifelong 혱 일생의, 생애의
living room 몡 거실

1247 believe [bilíːv]

툉 믿다

영원히 사는(live) 것을 **믿으세요**(believe)?

➕ unbelievable 혱 믿을 수 없는

1248 relieve [rilíːv]

툉 구제하다, 완화하다, 안도시키다

죽어가는 사람을 다시(re) 살도록(lieve→live)
구제하다(relieve)

1249 leave [liːv]

툉 떠나다(-left-left) 몡 휴가

살다보면(live) 여행을 **떠나고**(leave) 싶을 때도 있지요.

1250 math [mæθ]

몡 수학(= mathematics)

수학(math) 학원 이름에 **매스**라는 말이 많이
들어가네요.

1251 method [méθəd]

몡 수단, 방법

공식은 수학(math)을 쉽게 푸는 **방법**(method)

1252 nail [neil]

몡 손톱, 못

네일 아트 – 손톱 예술
네일 케어 – 손톱 관리

1253 snail [sneil]

몡 달팽이

달팽이(snail) 등은 손톱(nail)처럼 딱딱하죠.

1254 arrow
[ǽrou]

명 화살, 화살표

큐피트 **애로우** – 사랑의 화살
브로큰 애로우(broken arrow) – 부러진 화살

1255 narrow
[nǽrou]

형 좁은, 아슬아슬한

화살(arrow)이 겨우 통과할 만큼의 공간이면 좁고
아슬아슬하겠네요(narrow).

1256 police
[pəlíːs]

명 경찰

폴리스 라인 – 사건 현장에 경찰이 쳐놓은 차단선
로보카 폴리 – 아이들이 좋아하는 경찰 로봇

➕ **policeman** 명 경찰관

1257 polite
[pəláit]

형 예의바른, 공손한

경찰(police) 앞에서는 불량배도 **공손해지죠**(polite).

함께 익혀요 **politician** 명 정치가 → 정치가(politician)가 공손한
(polite) 나라도 있을까요?

1258 shock
[ʃak]

명 충격 동 충격을 주다

쇼킹하다 – 충격적이다, (경제) 오일쇼크 – 석유 가격이
갑자기 올라서 경제에 미치는 충격

1259 shark
[ʃaːrk]

명 상어

샥스핀(shark's fin) – 상어 지느러미 요리

1260 sharp
[ʃaːrp]

형 날카로운, 뾰족한

샤프하다 – 날카롭다
(학용품) 샤프심 – 샤프에 들어가는 날카로운 심

➕ **sharpen** 동 날카롭게 하다

1261

afraid
[əfréid]

형 두려워하는

Don't be afraid. – **두려워하지** 마세요.

1262

make
[meik]

동 만들다, 제작하다, ~하도록 시키다

리**메이크** – 이미 발표된 작품을 다시 만드는 것

메이커 – 만드는 사람(제조업자)

1263

mark
[ma:rk]

명 표, 자국 동 표시하다, 나타내다

확실하게 **마크**해. – 확실하게 표시해.

KS 마크 – 한국공업표준규격 표시

1264

match
[mætʃ]

명 경기, 경쟁 상대, 성냥 동 ~에 어울리다, 조화되다

(권투) 타이틀 **매치**, 빅 매치

조화롭게 매칭하다

1265

watch
[watʃ]

동 바라보다, 주의하다 명 손목시계

스톱 **워치** – 경과 시간을 측정하는 시계

스마트 워치

1266

mystery
[místəri]

명 신비, 불가사의

미스터리하다 – 신비하다

함께 익혀요 mythology 명 신화(= myth)

1267

cemetery
[sémətèri]

명 공동묘지

공동묘지(cemetery) 바닥은 시멘트(cement) 바닥 연상

1268

bean
[bi:n]

명 콩

커피 **빈** – 커피콩

소이빈(soybean) – 콩, 대두

1269

mean
[mi:n]

동 중요하다, 의도하다(-meant-meant) 형 평균의, 비열한

You mean everything to me.

– 당신은 나에게 모든 것을 **의미합니다**.

⊕ meaning 명 의미, 뜻

1270 **read**
[riːd]

동 읽다, ~라고 쓰여 있다(-read-read)

리딩 클럽 – 독서 클럽

1271 **ready**
[rédi]

형 준비된, 각오가 된

레디~ 고 – 준비~ 출발, R U ready? – 준비되었나요?

➕ **already** 부 이미, 벌써 → 벌써(already) 준비돼(ready) 있답니다.

1272 **melt**
[melt]

동 녹다

멜팅팟 – 모든 인종과 문화가 녹아든 용광로(백인, 황인, 흑인이 모여 사는 미국과 같은 나라를 말하죠.)

 쉽게 풀어낸 어원

사인펜, 네온사인에서
sign은 **표시, 사인**을 뜻합니다.

1273 **sign**
[sain]

명 신호, 표시   동 서명하다

➕ **signal** 명 표, 표시, 신호 동 신호를 보내다

Janet Lee

1274 **design**
[dizáin]

명 디자인, 설계   동 설계하다, 계획하다

인테리어 **디자인**

함께 익혀요 **desire** 명 욕망, 욕구 동 바라다 → 미에 대한 열정과 욕망(desire)이 있어야 멋진 디자인(design)이 나오죠.

➕ **desirable** 형 바람직한

1275 **resign**
[rizáin]

동 사임하다, 포기하다

입사할 때는 연봉 계약서에 사인을 하고 퇴사할 때는 퇴직금을 받으려고 다시 사인하지요.

– 다시(re)와 사인(sign)이 결합되면

사임하다/포기하다(resign)가 됩니다.

1276 mineral
[mínərəl]

명 광물, 무기물

여러 가지 무기물이 들어 있는 **미네랄**워터

➕ mine 명 광산 동 채굴하다 대 나의 것 → 미네랄(mineral)을 캐는 광산(mine)

1277 elder
[éldər]

형 손위의, 연상의 명 선배, 연장자

elder는 old(나이 든)에서 유래한 **손윗사람/연장자**(elder)를 의미하죠.

1278 permanent
[pə́:rmənənt]

형 영구의, 불변의

미용실에서 **파마**를 하면 영원한(permanent) 시간 동안 곱슬머리가 지속되나요?

 쉽게 풀어낸 어원

축구에서 어시스트(assist) 하는 선수는 옆에 서서 골게터를 도와주죠.
sist는 **서다**를 뜻합니다.

1279 assist
[əsíst]

동 돕다, 원조하다

축구 **어시스트** 기록

➕ assistance 명 보조, 원조 assistant 명 조력자 형 보조의

1280 insist
[insíst]

동 주장하다, 고집하다

방안에 버티고 서서 고집을 피우는 모습 연상
– 안(in)과 서다(sist)가 결합되어 **주장하다/고집하다**(insist)를 뜻합니다.

1281 consist
[kənsíst]

동 ~으로 이루어지다

여럿이 같이 서 있으면 하나의 무리가 이뤄지죠.
– consist는 같이(con)와 서다(sist)가 결합되어 **~으로 이루어지다**(consist)라는 뜻이 됩니다.

1282	**moment** [móumənt]	명 순간, 중요성 Just a moment. – **잠깐만** 기다려.
1283	**peninsula** [pənínsjulə]	명 반도 **펜**처럼 길쭉하게 생긴 한반도 – peninsula는 날카로운 펜(pen)에서 유래하여 반도(peninsula)를 뜻하지요.
1284	**snake** [sneik]	명 뱀 (사모아) **스네이크** 협곡에서 만난 거대한 뱀 스네이크 아이즈(eyes) – 주사위 1이 두 개 나올 때 뱀의 눈 같다고 해서 붙여진 이름이에요.
1285	**narrate** [nǽreit]	동 이야기하다 **내레이터**(narrator)는 목소리만으로 이야기를 전달하는 사람이죠. ➕ **narration** 명 이야기, 담화, 내레이션
1286	**magazine** [mægəzíːn]	명 잡지 경제 **매거진**. 시사 매거진
1287	**skill** [skil]	명 숙련, 솜씨 **스킬**이 뛰어나다 – 솜씨가 뛰어나다
1288	**lift** [lift]	동 들어 올리다 명 리프트, 승강기(= 엘리베이터) 스키장 **리프트**
1289	**smell** [smel]	동 냄새가 나다, 냄새를 맡다 Smells good! – **냄새**가 좋네요!

Our society has many social problems.
우리 사회에는 사회적 문제들이 많이 있습니다.

 Day26.mp3

 쉽게 풀어낸 어원

요즘 소셜 미디어(트위터, 페이스북 등)가 엄청 인기죠.
soci가 포함된 단어는 **사회**와 관련이 있습니다.

1290 **social**
[sóuʃəl]

형 사회의, 사교적인

소셜 친구

소셜 네트워크 서비스 – 사회 관계망 서비스(SNS)

1291 **society**
[səsáiəti]

명 사회, 사교계, 교제

고액 기부자 클럽인 아너 **소사이어티**(Honor Society). 특정 단체의 명칭에는 '소사이어티'가 붙는 경우가 많습니다.

1292 **associate**
동 [əsóuʃièit] 명 [əsóuʃiət]

동 교제하다, 연합하다 명 동료

soci(사회의)에서 파생한

교제하다/연합하다/동료(associate)

1293 **people**
[píːpl]

명 사람들, 민족

보트 **피플** – 보트 위에서 사는 사람들(망명을 하기 위해서 배를 타고 바다를 떠도는 난민)

1294 **purple**
[pə́ːrpl]

명 자줏빛 형 자주색의

사람들(people)의 피부색이 **자줏빛**(purple)은 아니지요.

"한 단어당 **10초**씩 읽어 보세요."

 목표 시간: 15분

 걸린 시간: 분

1295 **need**
[ni:d]

명 필요 동 ~을 필요로 하다
고객의 **니즈**(needs) – 고객의 필요

1296 **needle**
[ní:dl]

명 바늘
꿰맬 때 필요한 것(need)이 **바늘**(needle)이죠.

1297 **package**
[pǽkidʒ]

명 패키지, 꾸러미, 포장한 상품
패키지 상품 – 꾸러미로 묶어서 판매하는 상품
유럽 패키지여행

1298 **pack**
[pæk]

명 팩, 꾸러미, 다발 동 짐을 싸다
고무 **패킹**
패킹 리스트(packing list) – 선적된 상품의 포장 내용을
표시하는 서류

1299 **page**
[peidʒ]

명 페이지, 쪽
책의 첫 **페이지**, 인터넷 홈페이지

1300 **wage**
[weidʒ]

명 임금
페이지(page)를 넘기면 **임금**(wage) 주는 직업은? 바로
학생이죠~ 공부를 잘하면 장학금을 받을 수 있으니까요.

1301 miss
[mis]

명 실책 동 놓치다, 그리워하다
(Miss – ~ 양→미혼 여자의 성 앞에 붙이는 호칭)
미스 브라운(Miss Brown) – 브라운 양
(배구) 서브 미스 – 상대방이 넣은 서브를 놓치는 것

함께 익혀요 **Mr.** 명 ~ 씨, ~ 선생 → 남자의 성 앞에 붙이는 호칭

1302 mist
[mist]

명 안개
안개(mist) 속에서는 물건을 놓치기(miss) 쉽겠죠.

1303 physical
[fízikəl]

형 신체의, 물질의
피티(PT) 체조(**피지컬** 트레이닝, physical training)

1304 physician
[fizíʃən]

명 의사, 내과의사
신체의(physical) 아픈 곳을 치료하는
내과의사(physician)

1305 link
[liŋk]

동 연계하다 명 연계, 고리
뉴스 사이트를 **링크**해 놓으면 편리하죠.
인터넷 홈페이지 링크

1306 twinkle
[twíŋkl]

동 빛나다, 깜박이다
전선을 연결하면(link) 불빛이 **빛나겠죠**(twinkle)?

1307 message
[mésidʒ]

명 알림, 통지, 전하는 말
문자 **메시지**, 음성 메시지

1308
pilot
[páilət]

명 조종사

여객기 **파일럿**, 공군 파일럿

1309
nod
[nad]

동 고개를 끄덕이다, 졸다

긍정을 의미할 때 고개를 **끄덕이죠**.
– **nod**는 부정의 not과 철자/발음은 유사하지만 의미는
상반되네요.

1310
paper
[péipər]

명 종이

페이퍼 타월(paper towel) – 종이 행주(직물이 아닌
종이로 만든 수건)

1311
pepper
[pépər]

명 후추

페퍼민트는 후추처럼 톡 쏘는 맛이 나요.

1312
silly
[sí:li]

형 어리석은

(미국) 실리콘밸리 사람들도 **어리석나요**(silly)?
IT업계를 주도하는 세계 최고 엘리트 아닌가요?

1313
oath
[ouθ]

명 맹세, 서약

맹세(oath)는 오아시스(oasis) 옆에서 하세요.

1314
obey
[oubéi]

동 복종하다, 준수하다

소년(boy)은 부모님께 **순종해야겠죠**(obey)?

1315
voyage
[vɔ́iidʒ]

명 항해, 여행

NASA 무인탐사기 **보이저**(voyager) 1호
보이저 계획 – 태양계 탐사 계획

1316 opera
[ápərə]

명 오페라
호주 시드니의 **오페라** 하우스는 관광명소죠.

1317 open
[óupən]

동 열다 형 열린, 공개된
오픈카 – 자동차 천장이 열리는 차
오프너(opener) – 병이나 깡통의 뚜껑을 여는[따는] 물건
함께 익혀요 often 부 종종, 자주 → 얼마나 자주(often) 문을 여나요
(open)?

1318 orchard
[ɔ́:rtʃərd]

명 과수원
과수원(orchard)에는 오~ 자두가 열리나요?
오케스트라(orchestra)가 '과수원(orchard) 길' 노래를
연주한대요.

1319 organize
[ɔ́:rgənàiz]

동 조직하다, 체계화하다
organ(조직)에서 파생된 **조직하다/체계화하다**
(organize)

➕ organ 명 조직, 정부 기관, (악기) 오르간
organization 명 조직, 단체

1320 none
[nʌn]

대 결코 ~않다, 아무도 ~않다
none은 no와 one(하나)이 결합되어
결코 ~않다/아무도 ~않다(none)를 뜻합니다.

1321 parade
[pəréid]

명 가두 행진, 행렬, 퍼레이드
카**퍼레이드** – 차를 타고 거리를 행진하는 것

1322 park
[pɑ:rk]

명 공원, 유원지 동 주차하다
워터 **파크** – 물놀이 공원
파킹 서비스 – 주차 서비스

1323 some
[sʌm]

형 어떤, 무슨, 약간의, 몇 개의
some boys – **어떤** 소년들

➕ something 대 어떤 것, 무엇 somebody 대 어떤 사람, 누군가
somewhere 부 어딘가 sometime 부 언젠가, 훗날에
sometimes 부 때때로, 이따금

쉽게 풀어낸 어원

액션영화에서는 스펙터클(spectacle)한
장면이 많이 펼쳐지죠.
spec은 **보다**를 뜻합니다.

1324 **spectacle**
[spéktəkl]

囲 스펙터클, 광경, 구경거리, 안경(spectacles)
스펙터클한 제주 여행

1325 **expect**
[ikspékt]

통 바라다, 기대하다, 예상하다
뭔가를 **기대할**(expect) 때에는 목이 빠져라 밖(ex)을
내다보죠(spec).

1326 **prospect**
[práspekt]

囲 전망, 예상, 기대
(나이아가라 폭포) **프로스펙트** 포인트 – 전망(前望)
타워
– 앞(pro)과 보다(spec)가 합쳐지면
전망/예상/기대(prospect)가 됩니다.

1327 **respect**
[rispékt]

통 존경하다 囲 존경
위대한 사람은 다시(re) 쳐다보게 되죠.
– 다시(re)와 보다(spec)가 결합되어
존경하다/존경(respect)이 됩니다.
➕ **respectful** 혱 예의바른 → 존경(respect)으로 가득한(ful)
사람은 예의바르겠죠.

1328 **suspect**
통 [səspékt] 囲 [sʌspekt]

통 의심하다 囲 용의자
의심스러울 때는 아래까지 꼼꼼히 살펴야 해요.
– 아래(sus→subway 연상)와 보다(spec)가 결합되어
의심하다/용의자(suspect)가 되지요.
➕ **suspicious** 혱 의심스러운, 미심쩍은

책상 위에 스탠드(stand) 조명을 세워놓죠.
sta는 **서다**를 뜻합니다.

1329
stand
[stænd]

동 서다, 견디다(-stood-stood)

1330
understand
[ʌndərstǽnd]

동 이해하다(understood-understood)

상황 아래에 서봐야 제대로 이해할 수 있지요.
– 아래(under)와 서다(sta)가 결합하여
이해하다(understand)가 됩니다.

➕ **misunderstand** 동 오해하다

1331
stadium
[stéidiəm]

명 경기장, 스타디움

(LA) 다저스 **스타디움**

함께 익혀요 **station** 명 역, 정거장, 방송국

1332
instance
[ínstəns]

명 예, 보기

학생들에게 설명할 예(例)는 교실 안에 세워 놓으면
이해하기 쉽겠죠?
– instance는 안(in)과 서다(sta)가 결합되어
예/보기(instance)를 뜻합니다.

1333
constant
[kánstənt]

형 끊임없는, 일정한, 불변의

수많은 사람이 같이(con) 서(sta) 있으면 그 줄이
끊임없이(constant) 이어지죠.

1334
statue
[stǽtʃuː]

명 상(像), 조각

멋지게 서 있는(sta) **동상**(statue)
– 서다(sta)와 추(tue)가 연계되어
상(像)/**조각**(statue)이 됩니다.

1335 much
[mʌtʃ]

형 양이 많은 명 다량 부 대단히

Thank you very much.
– 아주 **많이[대단히]** 감사합니다.

함께 익혀요 mostly 부 대개, 주로

1336 couple
[kʌpl]

명 부부, 한 쌍

커플티 – 커플이 입는 티셔츠
커플 반지

1337 youth
[ju:θ]

명 젊음, 젊은이

유스호스텔(youth hostel) – 젊은이들의 여행 활동을
장려하는 국제적 숙박 시설
– youth는 young(젊은)에서 파생한 명사예요.

1338 piece
[pi:s]

명 조각, 일부분

(여성 옷) 원**피스** – 위아래가 한 조각으로 붙어있는 옷
투피스 – 위아래가 나눠진 옷

1339 praise
[preiz]

명 찬양, 칭찬 동 찬양하다, 칭찬하다

신학 서적에는 신을 찬양하는 **프레이즈**라는 문구가
많이 들어가죠.

1340 ever
[évər]

부 늘, 항상, 지금까지, 언젠가, 영원히

에버그린 – 늘 푸른 나무(상록수)
➕ forever 부 영원히, 언제나

1341 everyday
[évridèi]

형 매일의, 일상의

에브리데이 잉글리시 – 일상 영어
➕ every 형 모든 everything 대 모든 것, 가장 중요한 것
everybody 대 모든 사람들, 누구나
everywhere 대 모든 곳, 어디나
함께 익혀요 nothing 대 아무것도 ~아니다, 조금도 ~않다

I bought a wrinkle-free shirt.

저는 주름이 지지 않는 셔츠 한 장을 샀어요.

1342 ill
[il]

형 병든, 나쁜

맨날 빌빌한 빌(Bill)은 **병든**(ill) 걸까요?

1343 pill
[pil]

명 알약, 환약

아픈(ill) 사람에게 처방하는 **알약/환약**(pill)

1344 pillow
[pílou]

명 베개

알약(pill)을 먹고 **베개**(pillow)를 베고 자다.

1345 wink
[wiŋk]

동 눈을 깜빡이다, 윙크하다 명 윙크

윙크는 한쪽 눈을 깜박이는 것이죠.

1346 wrinkle
[ríŋkl]

명 주름 동 주름지다, 구겨지다

주름 제거를 위한 **링클** 크림
– 너무 자주 윙크(wink)를 하면 눈에 주름(wrinkle)이 생길 수도 있어요.

목표 시간: 15분

  걸린 시간: 분

"한 단어당 **10초**씩 읽어 보세요."

 쉽게 풀어낸 어원

영어 지문을 독해할 때는 스트럭처
(structure, 구조) 파악이 중요해요.
struct는 **세우다**의 의미가 있습니다.

1347 **structure**
[strʌ́ktʃər]

명 구조, 뼈대, 건물

1348 **construct**
[kənstrʌ́kt]

통 건설하다, 세우다
벽과 기둥을 함께(con) 세우면(struct)
건설하다(construct)가 됩니다.
➕ **construction** 명 건설 → 언더 컨스트럭션(under
construction) – 공사 중

1349 **destruction**
[distrʌ́kʃən]

명 파괴, 멸망
건물은 위를 향해 세워지고, 아래쪽으로 파괴되지요.
– destruction은 아래(de)와 세우다(struct)가 연관되어
파괴/멸망(destruction)을 뜻합니다.
➕ **destroy** 통 파괴하다, 멸망시키다

1350 **instructor**
[instrʌ́ktər]

명 교사, 지도자
선생님(instructor)은 학생의 머릿속(in)에 지식을
세워주시는(struct) 분이죠.
➕ **instruct** 통 가르치다 **instruction** 명 가르침, 지도
instructive 형 교훈적인, 유익한

225

쉽게 풀어낸 어원

몸을 쭉 뻗는 동작을 스트레칭이라고 하죠.
stretch의 **str**에는 **뻗다**라는 의미가 있습니다.

1351
stretch
[stretʃ]

동 늘이다, 몸을 쭉 펴다
스트레칭 운동 – 몸과 팔다리를 쭉 펴는 운동

1352
straight
[streit]

명 스트레이트, 직선 부 똑바로, 곧장
(권투) **스트레이트** – 주먹을 똑바로 뻗어서 치는 것

1353
street
[striːt]

명 길, 도로
스트리트 패션 – 거리 패션
– 도로(street)는 쭉 뻗은(str) 길이죠.

함께 익혀요 **district** 명 구역, 지역 → 일반적으로 길(street)을
기준으로 행정구역(district)을 나누죠.

1354
stream
[striːm]

명 시냇물, 흐름 동 흐르다
쭉 뻗은(str) **시냇물**(stream)

1355
string
[striŋ]

명 줄, 실
현악기의 **스트링**, 테니스 라켓의 스트링
– string은 라켓이나 현악기에 쭉 뻗은(str) 줄이나 실을
말하죠.

1356
stripe
[straip]

명 줄무늬
스트라이프 셔츠 – 줄무늬 셔츠
– stripe는 쭉 뻗은(str) 선들이 있는 줄무늬(stripe)를
말하죠.

1357	**rise** [raiz]	图 일어나다, 기립하다 图 오름 선**라이즈** – 일출(태양이 떠오르는 것)
1358	**raise** [reiz]	图 올리다, 들어 올리다 **들어 올리다**(rasie)와 일어나다(rise)는 철자와 발음은 물론 의미도 비슷해요.
1359	**present** 图图 [préznt] 图 [prizént]	图 선물 图 참석한, 현재의 图 제출하다 크리스마스 **프레즌트** – 크리스마스 선물
1360	**absent** [ǽbsənt]	图 결석한, 부재의 참석한(present)의 반대 개념인 **결석한**(absent)
1361	**quarrel** [kwɔ́ːrəl]	图 싸움, 시비 图 싸우다 농구 선수들은 매 **쿼터**(quarter) 동안 열심히 싸우듯이(quarrel) 경기하죠.
1362	**squirrel** [skwɔ́ːrəl]	图 다람쥐 **다람쥐**(squirrel)는 싸움(quarrel)을 잘할까요?
1363	**season** [síːzn]	图 계절, 시즌, 유행기, 양념 포**시즌** – 사계절, 프로야구 시즌 계절(season) 음식에 맞는 계절 양념(season)
1364	**reason** [ríːzn]	图 이유, 동기 图 추리하다 사색하는 계절(season)인 가을에는 **추리하며**(reason) 삽시다.

1365
appetite
[金pətàit]

명 식욕, 욕구

식욕을 돋우는 애피타이저(appetizer)
– 사과(apple)를 먹으면 **식욕**(appetite)이 증가하나요?

1366
please
[pli:z]

부 제발 동 기쁘게 하다

Please help me. – **제발** 도와주세요.

➕ **pleasant** 형 즐거운 **pleasure** 명 기쁨, 즐거움, 오락

1367
poet
[póuit]

명 시인

시인(poet)은 포스트잇(post-it)이나 메모지에 시를 적을
수도 있겠죠.

➕ **poetry** 명 시집 **poem** 명 (한 편의) 시

1368
surprise
[sərpráiz]

동 놀라게 하다

갑자기 파도(surp→surf)가 밀려오면 모두를
놀라게 하겠죠(surprise)?

함께 익혀요 surf 명 파도 동 파도타기를 하다 → 서핑 – 파도타기

1369
rice
[rais]

명 쌀

카레**라이스**, 오므라이스

1370
ostrich
[ɔ́:stritʃ]

명 타조

타조(ostrich)는 가장 부유한(rich) 조류인가요?

1371
share
[ʃɛər]

명 몫, 지분, 주식 동 공유하다, 분담하다

(주식) **셰어** 홀더 – 지분을 갖고 있는 사람
셰어하다 – 공유하다
셰어하우스 – 한 집을 여럿이 나누어 쓰는 주거 형태

1372
opinion
[əpínjən]

명 의견, 견해

신문의 **오피니언** 란에 의견 올리기
오피니언 리더 – 집단 내에서 다른 사람의 생각이나 행동에
강한 영향을 주는 사람

1373 privacy
[práivəsi]

명 사생활, 프라이버시

프라이버시 보호법 – 사생활 보호법

➕ private 형 개인의, 사적인 → 프라이빗 뱅킹 – 은행에서 부자들의 자산을 개인적으로 관리해주는 서비스

1374 pride
[praid]

명 자랑, 자존심, 자만

상(prize)으로 **프라이드**(pride) 자동차를 받았어요.

➕ proud 형 자랑스러운

1375 ride
[raid]

동 타다 명 타기

자전거 **라이딩** – 자전거 타기
카트라이더 – 카트(소형 경주용 차량)를 타고 달리는 게임

 쉽게 풀어낸 어원

물건을 담아두는 '통'을 컨테이너(container)라고 하죠.
tain은 담다, 잡다를 뜻합니다.

1376 contain
[kəntéin]

동 담다, 포함하다

➕ container 명 컨테이너, 통

1377 contaminate
[kəntǽmənèit]

함께 익혀요
동 오염시키다, 더럽히다

컨테이너(container)의 화학약품이 외부로 새면 환경을 **오염**시키겠죠(contaminate).

1378 obtain
[əbtéin]

동 얻다, 획득하다

열매를 **얻으려면**(obtain) 나무 위(ob→up)로 손을 뻗어 잡아야(tain) 해요.

1379 quarter
[kwɔ́:rtər]

명 4분의 1, 15분(1시간의 1/4), 25센트(1달러의 1/4)
농구는 4**쿼터**로 이루어져 있어 네 번에 나누어 경기를 하지요.

1380 railroad
[réilròud]

명 철도, 선로 형 철도의
레일(rail)과 길(road)이 만나면 **철도**(railroad)가 되겠죠.
➕ rail 명 레일 → (관광지) 모노레일(monorail) – 궤도가 하나인 철도, 코레일 – 한국철도공사

1381 rapid
[rǽpid]

형 빠른
랩(rap) 뮤직은 템포가 무척 **빠르죠**(rapid).

1382 wrap
[ræp]

동 싸다, 포장하다
크린**랩**, 음식물을 포장할 때 자주 쓰는 폴리에틸렌 소재의 얇은 막을 랩이라고 해요.

1383 cereal
[síəriəl]

명 시리얼, 곡물
맛있는 곡물 **시리얼**

1384 real
[rí:əl]

형 진짜의
리얼하다 – 진짜 같다
주인공의 연기가 리얼하네요. – 주인공의 연기가 진짜처럼 사실적이네요.
➕ really 부 진짜로 realize 동 깨닫다, 실현하다

1385 bookstore
[búkstɔ̀:r]

명 책방, 서점
책(book)과 가게(store)가 만나 **서점**(bookstore)이 되었어요.

1386 scare
[skɛər]

동 겁나게 하다
〈배트맨〉에 나오는 **스케어** 크로(scare crow)는 새들에게 겁을 주는 '허수아비'를 뜻하죠.
➕ scared 형 무서워하는 [함께 익혀요] crow 명 까마귀

쉽게 풀어낸 어원

안테나(antenna)는 하늘을 향해 쭉 뻗어 있죠.
ten에는 **펼치다, 뻗다**의 뜻이 있어요.

1387
intention
[inténʃən]

명 의도, 목적

마음 안(in)으로 펼쳐진(ten) 뜻을 **의도**(intention)라고
하지요.

➕ intend 통 의도하다, ~할 작정이다

1388
extension
[iksténʃən]

명 확장

익스텐션 식탁 – 확장 가능한 식탁
– 밖(ex)으로 펼치면(ten) 확장(extension)이 되죠.

➕ extend 통 연장하다, 늘리다 extent 명 넓이, 범위

1389
pretend
[priténd]

통 ~인 척하다, 핑계 대다

축구할 때 헛다리 전법은 미리(pre) 다리를 뻗어서 상대를
헷갈리게 하는 기술이죠.

– 미리(가짜로, pre)와 뻗다(ten)가 합쳐지면
~인 척하다/핑계 대다(pretend)가 됩니다.

1390
tend
[tend]

통 ~하는 경향이 있다, ~하기 쉽다

너무 한쪽으로 뻗으면(ten) 치우치는 **경향**(tend)이
있지요.

1391
attention
[əténʃən]

명 차렷, 주목, 관심

차렷(attention)은 몸을 일자로
뻗는(ten) 것이죠.

➕ attend 통 보살피다, ~에 유의하다, 출석하다
→ 어려운 사람을 보살피기(attend) 위해
손을 뻗어(ten) 보세요.

DAY 28

His joke annoyed me.

그의 농담이 저를 짜증나게 했어요.

🔊 Day28.mp3

1392 source
[sɔːrs]

명 원천, 근원, 출처, 소식통
뉴스 **소스** – 뉴스 출처

1393 resource
[ríːsɔːrs]

명 자원, 물자, 수단
resource는 source(원천)에서 유래하여
자원(resource)을 뜻합니다.

1394 noise
[nɔiz]

명 소음, 시끄러움
노이즈 마케팅 – 시끄러운 마케팅(시끄러운 화제로
소비자의 호기심을 이용하는 판매기법)
➕ noisy 형 시끄러운

1395 annoy
[ənɔ́i]

동 괴롭히다, 성가시게 하다, 짜증나게 하다
소음(noise)은 상대방을 **짜증나게 하죠**(annoy).

1396 scene
[siːn]

명 장면
라스트**신**(last scene) – 영화나 연극의 마지막 장면
전투신, 액션신

1397 scenery
[síːnəri]

명 경치, 풍경
장면(scene)이 모이면 **경치**(scenery)가 되죠.

"한 단어당 **10초**씩 읽어 보세요."

목표 시간: 15분

걸린 시간: 분

1398

pole
[poul]

명 장대, 막대기, 극, 극점

텐트 **폴**대 – 텐트 버팀목, 스키폴

1399

pollution
[pəlúːʃən]

명 오염

안티**폴루션** 화장품 – 오염으로부터 피부를 보호하는 화장품

– 맑은 시냇물도 막대기(pole)로 휘저으면 오염(pollution)이 될까요?

 쉽게 풀어낸 어원

프로 팀 사이에서 소속 선수를 이적시키거나 교환하는 것을 트레이드(trade)라고 하죠.
tra는 **넘기다**를 뜻합니다.

1400

trade
[treid]

동 교환하다 명 거래, 무역

트레이드마크(TM) – 상표

e–트레이드 – 전자무역

1401

tradition
[trədíʃən]

명 전통, 전설, 관습

전통(tradition)은 조상이 후손에게 넘겨주는(tra) 것이죠.

➕ **traditional** 형 전통적인

1402

touch
[tʌtʃ]

명 느낌, 촉감 동 만지다, 감동시키다

Don't touch. – **만지지** 마

(배구) 네트터치 – 손으로 네트(그물)를 만지는 반칙

1403

attach
[ətǽtʃ]

동 붙이다, 부착하다

잠깐 만지지만(touch) 말고 아예 **붙여놓으세요**(attach).

함께 익혀요 **detach** 동 떼어놓다, 파견하다

1404

tough
[tʌf]

형 단단한, 질긴, 억센, 터프한

터프 가이, 터프한 성격

1405

rough
[rʌf]

형 거친, 난폭한, 대강의

러프 스케치 – 개략적인 스케치

억센(tough)과 거친(rough)은 철자는 물론 의미도
유사하네요.

1406

see
[siː]

동 보다, 목격하다, 관찰하다

See you later. – 나중에 **보자**.

➕ **seem** 동 ~처럼 보이다, ~인 것 같다 **sight** 명 시력, 시야, 풍경
sightseeing 명 관광, 유람

1407

seek
[siːk]

동 찾다, 구하다(-sought-sought) 명 찾기, 수색

찾다/구하다(seek)는 보다(see)의 유사어.
의미도 모양도 유사한 점이 많네요.

1408

series
[síəriːz]

명 시리즈, 연속, 일련

시리즈 교재 – 연속으로 출판된 교재

(게임) 포켓몬스터 시리즈

1409

serious
[síəriəs]

형 진지한, 심각한

(야구) 코리안 시리즈(series)가 열리면 선수와 팬 모두
우승을 기원하며 **진지한**(serious) 표정이 되죠.

1410 user
[júːzər]

몡 사용자, 유저

유저 추천 음악 – 실제 사용자가 추천하는 음악

➕ **use** 몡 [juːs] 이용 통 [juːz] 쓰다, 사용하다 **useful** [júːsfəl]
몡 쓸모 있는, 유용한 **useless** [júːslis] 몡 쓸모없는, 무익한

1411 usual
[júːʒuəl]

몡 보통의, 일상의

일반인들이 사용하는(use) **보통의**(usual) 물건

➕ **unusual** 몡 비범한, 이상한

1412 abuse
통 [əbjúːz] 몡 [əbjúːs]

통 남용하다, 학대하다 몡 남용, 학대

차일드 **어뷰즈** – 아동 학대
– abuse는 벗어난(ab)과 사용하다(use)가 결합되어
남용하다/학대하다/남용/학대(abuse)를 뜻하지요.

 쉽게 풀어낸 어원

토네이도(tornado)는 강렬한 회오리바람이죠.
tor에는 **뒤틀다**는 뜻이 있습니다.

1413 tornado
[tɔːrnéidou]

몡 토네이도, 회오리

토네이도 남서부 강타

1414 storm
[stɔːrm]

몡 폭풍

storm은 모든 것을 뒤틀어버리는(tor) **폭풍**(storm)을
말합니다.

 함께 익혀요 **stomach** 몡 위 → 위(stomach) 속은 꼬르륵 꼬르륵
언제나 폭풍(storm)이 몰아쳐요.

1415 torch
[tɔːrtʃ]

몡 횃불

횃불(torch)의 불꽃이 뒤틀리는(tor) 것을 본 적
있으세요?

1416 great
[greit]

형 큰, 대단한

그레이트하다 – 대단하다
(소설) 더 그레이트 개츠비 – 위대한 개츠비

1417 regret
[rigrét]

명 후회 동 후회하다

성공한 사람이 있으면 실패한 사람도 있지요.
– 뒤(re)에 쪼그리고 앉아서 대단한(great) 사람을 보며
후회하는(regret) 모습 연상
➕ regretful 형 뉘우치는

1418 pet
[pet]

명 애완동물

펫숍(pet shop) – 애완동물을 판매하는 상점

1419 compete
[kəmpíːt]

동 경쟁하다

애완동물끼리 달리기하는 것 본 적 있으세요?
– compete는 같은(com)과 애완동물(pet)이 합쳐져
경쟁하다(compete)가 됩니다.
➕ competitive 형 경쟁적인, 경쟁의
competent 형 경쟁력 있는, 능력 있는

1420 send
[send]

동 보내다(-sent-sent)

호텔 픽업 서비스 & **센딩** 서비스
함께 익혀요 descend 동 내려가다, 유전되다, ~의 자손이다
ascend 동 오르다, 올라가다

1421 sentence
[séntəns]

명 판결; 문장 동 판결하다

판결(sentence)이 끝나면 죄수를 감옥에 보내죠
(send).

1422 soy
[sɔi]

명 콩, 간장
간장 **소스**(sauce)는 콩(soy)으로 만들죠.
함께 익혀요 sauce 명 (요리) 소스

1423 will
[wəl]

동 ~일 것이다 명 의지, 결심, 유언장
I will go. – 나는 갈 **것이다**.

1424 market
[mάːrkit]

명 시장 동 팔다
슈퍼**마켓**
마켓 셰어(market share) – 시장 점유율

1425 jacket
[dʒǽkit]

명 재킷, 웃옷
추우면 **재킷**을 입어.
라이더 재킷 – 오토바이 탈 때 입는 짧은 상의

1426 root
[ruːt]

명 뿌리
(수학) **루트** – 제곱근(뿌리 근(根))
루트 비어(root beer) – 식물의 뿌리로 만든 미국식
탄산음료

1427 route
[ruːt]

명 길, 통로, 루트
판매 **루트**를 개척하다
공격 루트를 차단하다

1428 rob
[rab]

동 강탈하다, 훔치다
악당 **로봇**(robot)이 물건을 **강탈하다**(rob)
➕ robber 명 강도, 도둑 robbery 명 강도질, 도둑질

1429 mouse
[maus]

명 쥐, 컴퓨터 마우스(쥐 모양)
미키 **마우스**는 세상에서 가장 유명한 쥐예요.

1430 run
[rʌn]

동 뛰다, 경영하다, 출마하다(-ran-run)

러닝머신 – 달리는 기계(정확한 영어 표현은 treadmill)
(야구) 홈런(homerun)을 치면 타자는 홈(home)까지
달려가지요(run).

1431 sand
[sænd]

명 모래

샌드백 – 권투 연습용 모래주머니
화이트 샌드 – 하얀 모래

함께 익혀요 **sandwich** 명 샌드위치

1432 cinema
[sínəmə]

명 영화, 영화관

○○ **시네마** – ○○ 영화관
시네마 천국

1433 ski
[ski:]

명 스키

눈이 쌓이면 **스키**를 탈 수 있어요.

1434 skin
[skin]

명 피부, 표면

스킨로션 – 피부에 바르는 로션
스킨케어 – 피부 관리

1435 say
[sei]

동 말하다, 표현하다(-said-said)

에세이(essay)를 통해 저자는 무엇인가를 **말하고**(say)
있죠.

➕ **saying** 명 말, 속담, 격언

1436 sell
[sel]

동 팔다, 매각하다(-sold-sold)

베스트**셀러**(best seller) – 가장 많이 팔리는 책

1437 seldom
[séldəm]

부 거의 ~않는, 드물게

한국에서 이슬람 스타일의 돔 집은 **드물게**(seldom)
볼 수 있어요.

1438
schedule
[skédʒuːl]

ⓜ 스케줄, 일정, 시간표 ⓥ 예정하다

스케줄 관리 – 일정 관리

1439
silent
[sáilənt]

ⓐ 조용한

(크리스마스 캐럴) **사일런트** 나이트 – 고요한 밤
– silent는 시끄러운 사이렌(siren)과 상반된 개념으로
조용한(silent)을 뜻하죠.

➕ silence ⓜ 침묵

1440
shine
[ʃain]

ⓥ 빛나다, 빛을 내다(-shined-shined)

선**샤인**(sunshine) – 햇빛

 쉽게 풀어낸 어원

트랙터는 땅을 질질 끌면서(tract) 밭을 갈죠.
tract는 끌다를 뜻합니다.

1441
tractor
[træktər]

ⓜ 트랙터, 견인차

➕ track ⓜ 트랙, 자국, 발자국

[함께 익혀요] trace ⓜ 자국 ⓥ 흔적을 쫓다

1442
attraction
[ətrǽkʃən]

ⓜ 매력, 끄는 힘

놀이공원이나 테마파크의 **어트랙션**
– 매력(attraction)이란 사람의 마음을
끌어당기는(tract) 힘이죠.

➕ attract ⓥ 끌다, 매혹하다

DAY 29

We go to school in uniform.

우리는 교복을 입고 등교합니다.

 Day29.mp3

 쉽게 풀어낸 어원

유니폼은 학교나 직장에서 똑같이 맞춰 입은 옷을 말하죠.
uni는 하나라는 뜻입니다.

1443

uniform
[júːnəfɔ̀ːrm]

몡 유니폼, 제복

하나의(uni) + **폼**(form)

1444

unite
[juːnáit]

통 연합하다, 결합하다

박지성 선수가 뛰었던 맨유(Manchester United,
맨체스터 유나이티드) – unite는 하나(uni)로
연합하다/결합하다(unite)를 뜻합니다.

➕ united 혱 연합한 United States 몡 미합중국, 미국
함께 익혀요 state 몡 국가, 상태, 신분 통 진술하다 → (상식) 스윙
스테이트 – 강대국에 휘둘리는 국가

1445

unique
[juːníːk]

혱 유일한, 독특한

유니크하다 – 독특하다
– 하나(uni)밖에 없으면 독특하겠죠(unique).

1446

union
[júːnjən]

몡 협회, 노동조합, 연합

union은 하나(uni)로 뭉쳐진 단체인
협회/노동조합(union)을 뜻합니다.

1447

unification
[jùːnəfikéiʃən]

몡 통일

우리의 소원은 남북이 하나(uni) 되는
통일(unification)이죠.

1448
shape
[ʃeip]

명 모양 통 형성하다
셰이프 게임 – 다양한 모양을 만드는 창의적인 게임
바디 셰이프 – 몸매

1449
shade
[ʃeid]

명 그늘
모양(shape)에 따라 달라지는 **그늘**(shade)

함께 익혀요 shadow 명 그림자 통 그늘지게 하다 → 아이섀도
– 눈에 그림자를 만드는 것

1450
show
[ʃou]

명 쇼, 구경거리 통 보여주다
TV **쇼**. 김연아 선수의 아이스쇼

1451
shore
[ʃɔːr]

명 해안, 물가
멋진 수영복을 입고 몸매를 보여주는(show)
해안(shore)

1452
shower
[ʃáuər]

통 샤워를 하다 명 샤워, 소나기
샤워 꼭지. 샤워 커튼

1453
shy
[ʃai]

형 수줍어하는, 부끄러워하는, 소심한
샤워(shower)캠을 쓰고 외출했다면
부끄럽겠죠(shy)?

1454 speaker
[spíːkər]

명 스피커, 확성기

스피커 볼륨을 줄여주세요.

➕ speak 통 말하다

1455 speech
[spiːtʃ]

명 말하기, 화법, 스피치

스피치 학원 – 화술(말하는 방법)을 가르치는 학원
3분 스피치

1456 upstairs
[ʌ́pstéərz]

형 위층의 부 위층에

업스테어즈 vs. 다운스테어즈

함께익혀요 downstairs 형 아래층의 부 아래층에 stairs 명 계단
up 부 위로, 위에 upon 전 ~의 위에

1457 upper
[ʌpər]

형 위쪽의, 보다 위의

(복싱) **어퍼**컷 – 아래에서 위로 때리는 타격법

1458 slave
[sleiv]

명 노예

슬라브족(Slav 族)은 **노예**(slave) 출신인가요?

1459 sleeve
[sliːv]

명 소매

롱 **슬리브** – 긴소매
– 노예(slave)가 일을 하려면 소매(sleeve)를 걷어붙여야죠.

1460 fable
[féibl]

명 우화

(에버랜드) **페이블** 가든 – 우화 정원
엄마가 테이블(table)에서 들려주시는 우화(fable)

1461 wipe
[waip]

동 닦다, 씻다 명 닦기

(자동차) **와이퍼** – 유리를 닦아주는 장치, 와이퍼 교체

1462
work
[wə:rk]

몡 일 통 일하다

팀**워크** – 팀으로 일하기, 워크숍

함께 익혀요 operate 통 움직이다, 일하다, 운영하다, 수술하다
→ 수술실을 OR(= operating room)이라고 하지요?
⊕ operation 몡 작업, 운영, 수술

1463
weak
[wi:k]

혱 힘이 없는, 약한

일(work)을 열심히 하고 나면 힘이 없죠(weak).

⊕ weaken 통 약화시키다   weakness 몡 약함

1464
wood
[wud]

몡 나무, 숲

미국의 할리**우드**(Hollywood) 근처에는 나무가 많을까요?

⊕ weaken 통 약화시키다   weakness 몡 약함

 쉽게 풀어낸 어원

바캉스(vacance, 휴가) 떠나면 집이 텅 비죠.
va 또는 **vac**는 **텅 빈**을 뜻합니다.

1465
vacation
[veikéiʃən]

몡 방학, 휴가

학교가 텅 비는(vac) 신나는 **방학**(vacation)

1466
vain
[vein]

혱 헛된, 소용없는, 허영심이 강한

속이 텅 빈(va) 사람은 **허영심이 강한가요**(vain)?

1467
avoid
[əvɔ́id]

통 무효로 하다, 피하다

과자를 샀는데 봉투 속이 텅 비었다면(vo→va)
과자 구입은 **무효**(avoid)죠.

⊕ unavoidable 혱 피할 수 없는

1468 word
[wə:rd]

명 말, 언어, 단어
패스**워드** – 암호(통과하는 말)
키워드 – 중요한 단어

1469 worth
[wə:rθ]

명 가치 형 ~의 가치가 있는
가치(worth) 있는 말(word)을 합시다.

1470 sword
[sɔ:rd]

명 칼, 무력, 폭력
날카롭고 공격적인 말(word)은 언어**폭력**(sword)이
될 수도 있죠.

1471 service
[sə́:rvis]

명 서비스, 봉사, 수고
고객 **서비스** 센터, 애프터서비스
➕ serve 동 봉사하다, 시중들다

1472 servant
[sə́:rvənt]

명 종업원, 공무원, 하인
손님에게 봉사하는(serve) **종업원**(servant)

1473 shuttle
[ʃʌtl]

명 셔틀, 정기 왕복 버스 형 왕복의
셔틀버스 – 순환 버스
셔틀런 – 왕복 달리기

1474 shutter
[ʃʌ́tər]

명 셔터, 닫는 사람, 덧문
카메라 **셔터**를 누르다
셔터를 내리다

1475 smooth
[smu:ð]

형 부드러운, 매끈한
스무스하다 – 부드럽다
스무스한 학교생활 – 순탄한 학교생활

| 1476 | **gym**
[dʒim] | 몡 체육관(= gymnasium)
오랜만에 **짐**에 가서 운동이나 해봐요. |

| 1477 | **spot**
[spat] | 몡 얼룩점, 지점, 장소 혱 즉석의
스팟 연고, 여드름 스팟 – 피부의 발진 또는 뽀루지도
스팟이라고 하죠. |

| 1478 | **sparrow**
[spǽrou] | 몡 참새
참새(sparrow)는 스파(spa)를 좋아하나요?(발음 연상) |

| 1479 | **system**
[sístəm] | 몡 조직, 체계, 방식
요금 납부 **시스템** – 요금 납부 체계 |

| 1480 | **net**
[net] | 몡 그물, 망
골**네트** – 골대에 있는 그물, 네트 게임 – 배구나 배드민턴
처럼 그물을 사이에 두고 하는 경기 |

 쉽게 풀어낸 어원

네임 밸류는 이름이 가지고 있는 가치(value)이지요.
val은 **가치**를 뜻합니다.

| 1481 | **value**
[vǽljuː] | 몡 값, 가치 통 존중하다
소셜 **밸류** – 사회적 가치
➕ **valuable** 혱 귀중한, 값비싼 |

| 1482 | **valid**
[vǽlid] | 혱 유효한, 타당한
신용카드에는 **유효**기간(valid date)이 표시되어 있어요. |

쉽게 풀어낸 어원

'세상에서 제일 아름다운 거리'로 일컬어지는
파리 샹젤리제 애비뉴(avenue)에는
많은 사람들이 오가죠.
ven은 오다, 가다를 뜻합니다.

1483 **avenue**
[ǽvənjùː]

명 거리, 대로, 가(街)
파리의 유명한 거리 **애비뉴** 몽테뉴

1484 **convenient**
[kənvíːnjənt]

형 편리한
가이드와 같이(con) 여행 가면(ven) **편리하죠**
(convenient).

➕ **convenience** 명 편리 → 컨비니언스 스토어(convenience
store) – (24시간) 편의점

1485 **invent**
[invént]

동 발명하다
한 분야 속으로(in) 파고 들어가면(vent) 언젠가 위대한
발명(invent)을 하게 될지도 몰라요.

➕ **invention** 명 발명

1486 **event**
[ivént]

명 행사, 사건
경품 **이벤트**, 가정의 달 이벤트

1487 **village**
[vílidʒ]

명 마을
경남 남해에는 아메리칸 **빌리지**(미국인 마을)가 있고,
부산에는 글로벌 빌리지라는 영어 체험 마을이 있어요.

1488 **report**
[ripɔ́ːrt]

명 보고서, 보고 동 보고하다, 전하다
리포트를 제출하세요. – 보고서를 제출하세요.
뉴스 리포터(reporter)

| 1489 | **stem**
[stem] | 명 줄기
스템 셀(stem cell) – 줄기세포 |

| 1490 | **strike**
[straik] | 동 치다, 때리다, 파업하다(-struck-struck)
명 파업, 치기, 때리기
야구나 볼링의 **스트라이크**
노동자들의 스트라이크 – 파업 |

| 1491 | **weekend**
[wíːkənd] | 명 주말
Have a nice weekend! – 주말 잘 보내세요. |

| 1492 | **weapon**
[wépən] | 명 무기
게임 〈서든어택〉에는 '슈퍼 **웨폰**'이라는 무기가 나와요. |

| 1493 | **type**
[taip] | 명 종류, 유형
어떤 **타입**의 물건을 좋아하세요? A 타입, B 타입?
➕ typical 형 전형적인, 대표적인 |

| 1494 | **wet**
[wet] | 형 젖은, 축축한
거미줄(web)에 이슬이 맺히면 **축축하겠죠**(wet)?
함께 익혀요 web 명 거미줄, 망, 직물 → 인터넷 웹사이트, 웹툰 |

| 1495 | **whole**
[houl] | 형 전체의, 모든, 온전한
홀세일(whole sale) – 도매
홀그레인(wholegrain) – 통밀로 만든 |

| 1496 | **rocket**
[rάkit] | 명 로켓 동 로켓을 발사하다
로켓 발사 |

DAY 30

Draw a vertical line.
수직선을 그리세요.

 Day30.mp3

 쉽게 풀어낸 어원

버티컬 블라인드는 일반적인 가로형 블라인드와는
달리 슬랫(slat, 널, 조각)이 세로로 '돌려져' 있죠?
vertical의 **vers** 또는 **vert**에는
돌다라는 의미가 있습니다.

1497 **vertical**
[və́ːrtikəl]

형 수직의, 세로의

베란다 **버티컬** 블라인드

1498 **reverse**
[rivə́ːrs]

명 반대 형 반대의, 거꾸로 된 동 되돌리다

자동차가 **반대**(뒤)로 움직이게 하는 후진 기어 R이
바로 이 reverse의 약자랍니다.

1499 **conversation**
[kὰnvərséiʃən]

명 대화

대화(conversation)란 상대방과 함께(con)
화제를 돌려가면서(vers) 말하는 것이죠.

1500 **divorce**
[divɔ́ːrs]

함께 익혀요

명 이혼 동 이혼시키다

부부 두(di) 사람의 사이가 영영 돌아서면
(vorc→vers) **이혼하게**(divorce) 되죠.

1501 **advertisement**
[ædvərtáizmənt, ædvə́ːrtismənt]

명 광고(= ad)

애드벌룬(ad balloon) – 풍선 광고

"한 단어 당 **10**초씩 읽어 보세요."

 목표 시간: 15분

걸린 시간: 분

1502 **whistle**
[hwísl]

명 호루라기, 휘파람 동 휘파람을 불다
(스포츠) 심판의 **휘슬** – 심판의 호루라기

1503 **whisper**
[hwíspər]

동 속삭이다
휘파람(whistle) 소리보다 작은 목소리로
속삭여봐요(whisper).

1504 **through**
[θru:]

전 ~을 통하여
(스포츠) **스루** 패스(through pass) – 상대 팀 선수
사이로 볼을 차서 보내는 패스

1505 **throat**
[θrout]

명 목구멍
목구멍(throat)을 통하여(through) 음식을 삼키죠.

1506 **garden**
[gáːrdn]

명 정원
가든파티 – 정원에서 하는 파티
시크릿 가든 – 비밀 정원

1507 **pardon**
[páːrdn]

동 용서하다
소란을 피웠다면 멋진 가든(garden) 파티를 열어 이웃들
에게 **용서를 구할까요**(pardon)?

1508 set
[set]

동 놓다, 두다, 배치하다, 정하다 명 한 세트
선물 **세트**. 완벽하게 세팅하다

1509 upset
동 형 [ʌpsét] 명 [ʌ́psèt]

동 뒤엎다, 당황하게 하다(-upset-upset) 형 기분이 상한
명 전복, 혼란, 동요
I'm upset about it. – 나는 그것 때문에 기분이 안 좋다.
함께 익혀요 upside-down 형 뒤집힌 upside down 부 거꾸로

1510 settle
[sétl]

동 정착하다, 해결하다
모든 게 풀**세트**(set)로 제공되는 집에서 **정착하여**
(settle) 살다

1511 hen
[hen]

명 암탉
암탉(hen)이 열(ten) 마리 있네요.

1512 when
[hwən]

대 부 언제 접 ~할 때
암탉(hen)은 **언제**(when) 울까요?
함께 익혀요 then 부 그때, 그 이후에 than 접 ~보다
→ Tom is taller than Jim. – 톰은 짐보다 크다.

1513 harmony
[háːrməni]

명 조화
하모니가 중요해. – 조화가 중요해.
하모니카는 조화로운 소리를 내는 악기예요.

1514 harm
[haːrm]

명 손해 동 해치다
harm은 harmony(조화)와 그 모양은 유사하지만
상반되는 의미로 **손해/해치다**(harm)를 뜻해요.
⊕ harmful 형 유해한, 해로운

1515 **thin**
[θin]

형 얇은, 가는, 마른

씬 피자 – 도우가 얇은 피자

1516 **thick**
[θik]

형 두꺼운

얇은(thin)과 상반된 개념인 **두꺼운**(thick)

1517 **stage**
[steidʒ]

명 무대, 단계

스테이지 댄스 – 무대에서 추는 춤
스테이지 매너 – 무대 예절

 쉽게 풀어낸 어원

서바이벌(survival) 게임은 마지막까지
살아남은 자가 이기는 게임이죠.
viv는 **살다**를 뜻합니다.

1518 **survival**
[sərváivəl]

명 생존

➕ survive 동 살아남다, ~보다 오래 살다

1519 **revival**
[riváivəl]

명 재생, 부활

복고풍 **리바이벌** 열풍, 복고 패션 – 리바이벌 셔츠
– 다시(re)와 살다(viv)가 결합되면
재생/부활(revival)이 되지요.

1520 **vegetable**
[védʒətəbl]

함께 익혀요
명 채소, 야채

베지버거 – 원료로 고기를 사용하지 않는 햄버거
살아가는(veg→viv) 데 꼭 필요한 채소(vegetable)

➕ vegetarian 명 채식주의자

쉽게 풀어낸 어원

텔레비전(television),
뮤직 비디오(music video)에서처럼
vi. vid 또는 **vis**가 들어간 단어는
보다와 관련이 있습니다.

1521 **television**
[téləvìʒən]

명 텔레비전

텔레비전 방송국
텔레비전 화면이 흐릿해요.

1522 **interview**
[íntərvjùː]

명 인터뷰, 면담 동 면접하다
방송국과 **인터뷰**를 했어요.
➕ view 명 보기, 견해 동 바라보다

1523 **review**
[rivjúː]

동 재조사하다 명 재조사, 복습
핵심 이론 **리뷰** & 복습 강좌
– 다시(re)와 보다(vi)가 합쳐져
재조사하다/재조사/복습(review)이 되죠.

1524 **evidence**
[évədəns]

명 증거, 증인
범죄에 대하여 밖(e)으로 드러내 보이는(vid) 것이
증거(evidence)죠.
➕ evident 형 명백한

1525 **provide**
[prəváid]

동 준비하다, 제공하다, 공급하다
미래(앞, pro)을 내다보며(vid) **준비합시다**(provide).

1526 **invite**
[inváit]

함께 익혀요
동 초대하다
누군가를 **초대한다는**(invite) 것은 집 안으로(in)
들어와서 이것저것 둘러보라는(vi) 것이죠.
➕ invitation 명 초청, 초대

1527 visit
[vízit]

통 방문하다

비지팅 비자 – 방문 비자
– 친구를 보러(vis) 친구네 집을 방문했어요(visit).

➕ visitor 명 방문자

1528 devise
[diváiz]

통 발명하다, 고안하다

새로운 것을 고안할 때는 아래(de→down)까지 세심하게
보면서(vis) **고안하지요**(devise).

➕ device 명 고안, 장치 → 디바이스 – 장치, 모바일 디바이스

1529 deep
[di:p]

형 깊은 부 깊이

지프(jeep)차가 **깊은**(deep) 수렁에 빠지다

1530 swing
[swiŋ]

통 흔들리다, 스윙하다 명 그네

(야구) 헛**스윙**, 풀스윙

1531 wise
[waiz]

형 현명한, 지혜로운

싱크 **와이즈**(Think wise) – 지혜롭게 생각하라

➕ wisdom 명 지혜

1532 store
[stɔ:r]

명 가게, 상점, 저장 통 저장하다

온라인 **스토어** – 인터넷 상점
스트리트 스토어 – 노점

1533 stove
[stouv]

명 난로

전기**스토브** – 전기난로

1534 strong
[strɔ:ŋ]

형 힘센, 강한

(스포츠) 월드 **스트롱**맨 대회 – 전 세계의 힘센 사람들이
참가하는 대회

➕ strength 명 힘

1535 consume
[kənsú:m]

동 소비하다, 다 써버리다

스마트 **컨슈머** – 현명한 소비자, 블랙 컨슈머 – 부당한 이익을 얻으려고 악성 컴플레인을 제기하는 소비자

➕ consumer 명 소비자 consumption 명 소비

1536 jeans
[dʒi:nz]

명 진, 진바지

블루**진**(blue jeans) – 청색 진바지(청바지)

1537 think
[θiŋk]

동 생각하다

싱크탱크 – 생각하는 두뇌 집단
싱크빅(Think big) – 크게 생각하라

➕ thought 명 생각

1538 list
[list]

명 목록 동 목록에 올리다

리스트 작성 – 목록 작성, 블랙리스트 – 감시 대상 명단

 쉽게 풀어낸 어원

세상에서 제일 잘 구르는 차는 볼보(Volvo)인가요?
ball과 유사한 개념인 **vol**은 **구르다**를 뜻합니다.

1539 evolve
[iválv]

동 진화하다, 발전시키다

역사의 수레바퀴는 밖(e)으로 굴러가며(vol)
진화하지요(evolve).

➕ evolution 명 진화, 발전

1540 revolution
[rèvəlú:ʃən]

명 회전, 혁명

빙빙 돌아가는 놀이기구인 프렌치 **레볼루션**
– 다시(re) 구르는(volv) 것이 회전(revolution)이죠.

➕ revolve 동 회전하다

★잠깐 상식 프렌치 레볼루션은 유럽의 구 체제를 전복시킨 프랑스 대혁명을 뜻합니다.

1541 **picket**
[píkit]

명 피켓, 말뚝

피켓 시위

➕ pick 동 뾰족한 것으로 찍다, 선택하다 명 이쑤시개

1542 **wheel**
[hwi:l]

명 바퀴

휠체어 – 바퀴 달린 이동식 의자

(자동차) 휠 교체 – 바퀴 교체

1543 **sigh**
[sai]

명 한숨 동 한숨짓다

월드 스타 싸이도 **한숨**(sigh)을 쉴 때가 있겠죠.

1544 **thirst**
[θəːrst]

명 목마름, 갈망 동 갈망하다

인간의 첫 번째(first) 욕구는 **목마름**(thirst)인가요?

➕ thirsty 형 목마른

1545 **fist**
[fist]

명 주먹

주먹에 끼는 강철 **피스트**

➕ wrist 명 손목, 팔목 → 주먹(fist)과 손목(wrist)은 이어져 있어서 모양도 비슷하죠.

1546 **throw**
[θrou]

동 던지다(-threw -thrown)

(축구) **스로잉**(throwing) 패스 – 골라인 밖에서 손으로 던지는 패스

1547 **tax**
[tæks]

동 과세하다 명 세금

국세청 홈**택스**, 택스 프리 – 면세

1548 **summary**
[sʌ́məri]

명 요약, 개요

서머리하다 – 요약하다

시험 직전에 서머리를 보세요.

읽기만 해도 기억에 남는 쉬운 단어를 별도로 정리하였습니다.
가볍게 읽어보세요.

1549	**smart** [smɑːrt]	형 재치 있는, 멋진, 영리한 **스마트**폰, 스마트 TV
1550	**energy** [énərdʒi]	명 힘, 기운 **에너지** 절약
1551	**character** [kǽriktər]	명 등장인물, 특성, 성격, 문자 만화 **캐릭터** – 만화의 등장인물
1552	**art** [ɑːrt]	명 예술, 미술, 기술 네일 **아트** – 손톱을 가꾸는 예술 ➕ **artist** 명 예술가, 미술가
1553	**animal** [ǽnəməl]	명 동물, 짐승 애니팡은 **애니멀**(동물)이 팡팡 터지는 게임
1554	**label** [léibəl]	명 라벨, 상표, 꼬리표 **라벨**은 상품에 꼬리표처럼 붙어 있는 것이죠.
1555	**sale** [seil]	명 판매, 할인 판매 세일즈맨(sales man) – 판매원
1556	**eye** [ai]	명 눈 (화장) **아이**라인 – 눈에 그리는 선 ➕ **eyebrow** 명 눈썹
1557	**dictionary** [díkʃənèri]	명 사전 워킹 **딕셔너리** – 걸어다니는 사전 (= 아는 것이 많은 사람)
1558	**group** [gruːp]	명 집단, 무리 요즘 인기 많은 걸(girl) **그룹**
1559	**head** [hed]	명 머리, 우두머리 동 나아가다 **헤드**폰, (축구) 헤딩 – 머리로 골 넣기 ➕ **ahead** 부 미리, 앞으로

1560	**manner** [mǽnər]	명 예의, 방법, 태도, 매너 **매너** 있는 사람 – 예의 바른 사람
1561	**model** [mɑ́dl]	명 모델, 본보기 동 모형을 만들다 롤 **모델** – 역할 모델(본받고 싶을 정도로 모범이 되는 사람)
1562	**quiz** [kwiz]	명 퀴즈, 질문 **퀴즈**쇼, 난센스 퀴즈
1563	**about** [əbáut]	전 ~에 관하여, 약~, 막 ~하려하는 시간에 관한 영화 〈**어바웃** 타임(About Time)〉
1564	**Olympic** [əlímpik]	형 올림픽 경기의 **올림픽** 경기는 4년마다 열리죠.
1565	**print** [print]	동 인쇄하다 명 인쇄, 프린트 **프린트**하다 – 인쇄하다
1566	**land** [lænd]	명 땅, 육지 동 착륙하다 **랜드** 마크 – 특정지역을 대표하는 시설이나 건축물
1567	**subway** [sʌ́bwèi]	명 지하철, 지하도 **서브웨이** 샌드위치는 지하철(subway)처럼 길쭉한 모양이죠.
1568	**under** [ʌ́ndər]	전 ~의 아래에, ~미만인 (야구) **언더** 투수 – 아래로 던지는 투수 ➕ underwater 형 물속의, 수중에서
1569	**contest** 명 [kɑ́ntest] 동 [kəntést]	명 콘테스트, 시합 동 논쟁하다, 다투다 댄스 **콘테스트**, 가족사진 콘테스트
1570	**hospital** [hɑ́spitl]	명 병원 제너럴 **호스피탈** – 종합 병원
1571	**tour** [tuər]	명 여행 동 여행하다, 돌아다니다 제주도 **투어**, 시티 투어 ➕ tourist 명 관광객, 여행자 함께 익혀요 trip 명 여행

1572	**but** [bət]	접 그러나, 다만　전 ~을 제외하고

1573	**chain** [tʃein]	명 쇠사슬, 연쇄　형 일련의

스노 **체인**

1574	**album** [ǽlbəm]	명 앨범, 음반

사진 **앨범**, 졸업 앨범

1575	**area** [ɛ́əriə]	명 면적, 지역

(축구) 골 **에어리어** – 골대 바로 앞에 있는 지역

1576	**brain** [brein]	명 뇌

브레인스토밍(brainstorming) – 여러 사람이 회의를 통해서
뇌를 활성화시켜 아이디어를 구상하는 방법

1577	**sound** [saund]	명 소리　형 건전한

사운드가 좋은 오디오

1578	**so** [souː]	접 그래서　부 그렇게　형 매우 ~한

So so. – 그저 그래.

1579	**get** [get]	통 얻다, ~하게 되다, ~하도록 시키다

(축구) 골게터 – 골을 넣어 점수를 얻는 선수(득점을 많이 하는 선수)

1580	**coach** [koutʃ]	명 코치, 지도원

테니스 **코치**, 배드민턴 코치

1581	**size** [saiz]	명 크기

패밀리 **사이즈** 피자 – 온가족이 먹을 수 있는 크기의 피자

1582	**end** [end]	명 종료, 끝　통 끝내다

해피**엔드** – 행복한 결말(끝)

1583	**and** [ənd]	접 그리고

로미오 **앤드** 줄리엣 – 로미오와(그리고) 줄리엣

함께 익혀요 **or** 접 혹은, 즉

1584	**though** [ðou]	웹 비록 ~라 하더라도, 그러나
		Though he came here – 비록 그가 여기 왔을지라도
		➕ **although** 웹 비록 ~라 하더라도, 그러나

1585	**away** [əwéi]	悍 멀리, 멀리 떨어져
		(스포츠) **어웨이** 경기 – 원정 경기(= 먼 곳에서 펼쳐지는 경기)

1586	**orange** [ɔ́:rindʒ]	뗑 오렌지, 주황색
		오렌지 주스

1587	**restaurant** [réstərənt]	뗑 레스토랑, 음식점, 요리점
		점심을 먹으러 **레스토랑**에 가다.

1588	**sleep** [sli:p]	동 잠자다
		슬리핑 카 – 잠자는 차(침대 차), 슬리핑 백 – 잠자는 주머니(침낭)
		➕ **asleep** 혱 잠이 든

1589	**photo** [fóutou]	뗑 사진(= photograph)
		사진을 예쁘게 꾸미는 **포토**샵(일명 뽀샵)

1590	**child** [tʃaild]	뗑 어린이
		차일드락(lock) – 어린이를 위한 안전 잠금 장치
		➕ **children** 뗑 아이들 **childhood** 뗑 어린 시절

1591	**program** [próugræm]	뗑 프로그램, 계획
		TV **프로그램**

1592	**monkey** [mʌ́ŋki]	뗑 원숭이
		몽키 바나나 – 원숭이가 좋아하는 작은 바나나
		함께 익혀요 **among** 젠 ~의 사이에, ~중에

1593	**sir** [sər]	뗑 선생님, 경
		Yes, sir. – 예, 선생님.
		함께 익혀요 **certain** 혱 확실한, 정확한, 어떤 → 권위 있는 선생님(sir)은 확실한 (certain) 분이죠?

1594	**madam** [mǽdəm]	뗑 부인, 마님(= ma'am)
		마담 퀴리 – 퀴리 부인

1595	**zone** [zoun]	명 지대, 구역 스쿨존 – 학교 구역
1596	**bad** [bæd]	형 나쁜 **배드** 보이 – 나쁜 소년(문제아) ➕ badly 부 몹시, 나쁘게 worse 형 더 나쁜
1597	**honey** [hʌ́ni]	명 꿀, 연인, 아내
1598	**money** [mʌ́ni]	명 돈 티**머니**(T-money) 카드
1599	**waiter** [wéitər]	명 웨이터, 종업원 **웨이터**는 손님을 기다리는 종업원 ➕ wait 동 기다리다
1600	**bank** [bæŋk]	명 은행, 둑, 제방 인터넷 뱅킹 – 인터넷을 통한 은행업무
1601	**bear** [bɛər]	명 곰 동 낳다, 참다 (야구) 두산 **베어**스 – 곰 구단 테디 베어 – 테디(Teddy)라고 불리는 곰 인형
1602	**birthday** [bə́:rθdèi]	명 생일 **버스데이** 파티 – 생일 파티 ➕ birth 명 출생, 혈통
1603	**happy** [hǽpi]	형 행복한, 기쁜 ➕ unhappy 형 불행한, 슬픈 happiness 명 행복, 기쁨, 만족
1604	**teacher** [tí:tʃər]	명 선생님, 교사 잉글리시 **티처** – 영어 선생님 ➕ teach 동 가르치다
1605	**which** [hwitʃ]	형 어떤, 어느 대 어떤 사람, 어느 것 Which one do you want? – 어떤 것을 원하세요? 함께 익혀요 each 대 부 각각 형 각각의

| 1606 | **basket**
[bǽskit] | 명 바구니
비스킷 과자를 바구니(basket)에 담으세요.
➕ **basketball** 명 농구 – 농구는 공을 바스켓(바구니)에 넣는 경기죠. |

| 1607 | **beef**
[bi:f] | 명 소고기
비프스테이크 – 소고기 스테이크 |

| 1608 | **beer**
[biər] | 명 맥주 |

| 1609 | **behind**
[biháind] | 전 ~의 뒤에 부 뒤에
비하인드 스토리 – 뒤에 숨어 있는 이야기 |

| 1610 | **pond**
[pand] | 명 연못
연못(pond)에 퐁당퐁당 빠지는 모습 연상 |

| 1611 | **beyond**
[biánd] | 전 ~의 저편에, ~ 이상으로 부 건너편에, 그 너머에
연못(pond) 저쪽에(beyond) 무엇이 있을까? |

| 1612 | **lock**
[lak] | 동 잠그다 명 자물쇠
라커룸(locker room) – 귀중품을 넣고 잠가서 보관하는 곳 |

| 1613 | **potato**
[pətéitou] | 명 감자
포테이토 칩 |

| 1614 | **bridge**
[bridʒ] | 명 다리, 교량(橋梁)
(영국 런던) 타워 **브리지** – 탑 모양의 다리 |

| 1615 | **brown**
[braun] | 명 갈색
브라운 슈거 – 갈색 설탕 |

| 1616 | **puzzle**
[pʌzl] | 명 수수께끼, 퍼즐 동 당황하게 하다
퍼즐을 못 맞출 땐 당황하겠죠? |

| 1617 | **calendar**
[kǽləndər] | 명 달력
탁상 **캘린더** – 탁상 달력 |

| 1618 | **camera**
[kǽmərə] | 명 카메라, 사진기
디지털 **카메라** |

1619	**candle** [kǽndl]	몡 양초, 촛불 깡통(can)에 든 초(candle) 소이 **캔들** – 콩으로 만든 양초

1620	**carrot** [kǽrət]	몡 당근 **캐럿** 케이크 – 당근 케이크, 농장에 캐럿(carrot) 캐러 갈까요?

1621	**chance** [tʃæns]	몡 기회, 행운 동 우연히 ~하다 정말 좋은 **찬스** – 정말 좋은 기회

1622	**cold** [kould]	혱 추운, 차가운 몡 감기 함께 익혀요 cough 몡 기침

1623	**chopstick** [tʃɑ́pstiks]	몡 젓가락 젓가락 한 짝은 **챱스틱**

1624	**cream** [kri:m]	몡 크림 아이스**크림**

1625	**umbrella** [ʌmbrélə]	몡 우산 엄브렐라는 신데렐라가 좋아하는 **우산**인가요? – 신데렐라와 엄브렐라는 발음이 비슷하네요.

1626	**class** [klæs]	몡 종류, 계급, 학급, 수업 톱**클래스**– 최상위 등급 ➕ classroom 몡 교실 classmate 몡 동급생 classic 혱 고전의 몡 클래식 → 클래식 기타 classical 혱 고전적인

1627	**color** [kʌ́lər]	몡 색깔 **컬러**텔레비전

1628	**course** [kɔ:rs]	몡 과정, 코스 마라톤 **코스**, 달리기 코스

1629	**pool** [pu:l]	몡 수영장, 물웅덩이 **풀**장에서 수영하다.

1630	**cool** [ku:l]	혱 시원한, 쌀쌀한, 멋진 **쿨**링시스템 – 냉각 장치

1631	**lip** [lip]	몡 입술 **립**싱크 가수 – 노래를 부르지 않고 입술로 흉내만 내는 가수
1632	**in** [in]	젠 ~안에, ~에 골**인**(goal in), 로그**인**(log in)
1633	**kite** [kait]	몡 연, 솔개 동 연을 날리다 스포츠 **카이트**는 두 개의 줄로 연을 날리는 스포츠 함께 익혀요 quite 뮈 아주, 꽤 → 연(kite)은 아주(quite) 높이 날죠.
1634	**dirty** [də́ːrti]	혱 더러운 **더티** 플레이 – 정정당당하지 못한 플레이
1635	**curtain** [kə́ːrtn]	몡 커튼, 막 동 커튼을 치다 창문 **커튼** 함께 익혀요 cotton 몡 목화, 면, 솜
1636	**meat** [miːt]	몡 고기 **미트**볼 – 고기 완자
1637	**diary** [dáiəri]	몡 일기 프린세스 **다이어리** – 공주의 일기
1638	**dinner** [dínər]	몡 저녁식사, 만찬 **디너**파티 ➕ dine 동 식사를 하다, 만찬을 들다
1639	**dance** [dæns]	동 춤을 추다 **댄스** 학원, 에어로빅댄스
1640	**unless** [ənlés]	젭 만약 ~이 아니라면 젠 ~을 제외하고서 unless the boy – 그 소년을 제외하고서
1641	**wine** [wain]	몡 포도주 레드 **와인** – 붉은 포도주, 화이트 와인 – 투명한 와인
1642	**stress** [stres]	몡 스트레스, 압박, 강조 동 강조하다 공부 **스트레스**, 스트레스 해소법

1643 love
[lʌv]
명 사랑 통 사랑하다
러브 스토리 – 사랑 이야기
➕ lovely 형 사랑스러운, 귀여운

1644 doctor
[dɑ́ktər]
명 의사, 박사(= Dr.)
페이 **닥터** – 월급 받는 의사

1645 dream
[dri:m]
명 꿈 통 꿈을 꾸다
(스포츠) **드림** 팀 – 꿈의 팀

1646 dry
[drai]
형 마른 통 말리다
헤어**드라이어**, 드라이클리닝

1647 well
[wel]
형 건강한 부 잘, 아주 명 우물
웰빙 시대 – 잘사는 시대

1648 early
[ɔ́:rli]
부 일찍 형 이른
early in the morning – 아침 일찍

1649 friend
[frend]
명 친구
베스트 **프렌드**
➕ friendly 형 우호적인 friendship 명 우정

1650 tennis
[ténis]
명 테니스, 정구
함께 익혀요 racket 명 라켓

1651 tell
[tel]
통 말하다, 영향을 주다(-told-told)
스토리**텔링** – 재밌고 생생한 이야기로 설득력 있게 정보를 전달하는 것

1652 back
[bæk]
명 등, 뒤
백팩 – 등에 메는 가방

1653 enjoy
[indʒɔ́i]
통 즐기다
Enjoy your meal! – 식사 맛있게 하세요!
➕ joy 명 기쁨 통 기뻐하다

1654 team
[ti:m]
명 조, 팀
야구**팀**, 농구팀

1655	**error** [érər]	몡 잘못, 틀림 컴퓨터 시스템 **에러**
1656	**Asia** [éiʒə]	몡 아시아 **아시아**는 가장 큰 대륙이죠. 함께익혀요 **Europe** 몡 유럽
1657	**where** [hwɛər]	댸 어디 젭 ~하는 곳에 Where are you now? – 너 지금 어디 있어?
1658	**farm** [fa:rm]	몡 농장 동 경작하다 **팜**스테이 – 농장에 체류하기 ➕ **farmer** 몡 농부
1659	**far** [fa:r]	혱 먼 뷔 멀리, 훨씬 차(car)를 타고 먼(far) 곳으로 떠나다. ➕ **further** 혱 그 이상의, 뷔 게다가
1660	**shoe** [ʃu:]	몡 신, 구두 (축구) 골든**슈** – 골을 제일 많이 넣은 선수에게 주는 황금 신발 함께익혀요 **should** 동 ~해야 한다 → 신(shoe)은 꼭 신어야 하나요(should)?
1661	**toe** [tou]	몡 발가락 **토**슈즈(toe shoes) – 발레리나가 신는, 발가락 끝을 세울 수 있는 신발
1662	**ship** [ʃip]	몡 배 동 수송하다 바다(sea, 씨)에서 타는 **배**(ship, 쉽)
1663	**weather** [wéðər]	몡 날씨 구글 **웨더**, 오픈 웨더
1664	**green** [gri:n]	혱 녹색의 동 녹색으로 하다 **그린**티 – 녹차 ➕ **evergreen** 몡 상록수 혱 상록의 **greenhouse** 몡 온실, 건조실
1665	**data** [déitə]	몡 자료, 데이터(단수 datum) **데이터** 분석, 데이터 용량

1666	**singer** [síŋər]	명 가수 히든 **싱어** – 숨어 있는 가수 ➕ sing 동 노래하다
1667	**fresh** [freʃ]	형 신선한, 새로운 **프레시**맨(freshman) – 신입생, 1학년
1668	**owl** [aul]	명 올빼미 아기는 '아앙~'하고 울고 **올빼미**(owl, 아울)는 '아울~'하고 우나요? 함께 익혀요 howl 동 울부짖다
1669	**who** [hu:]	대 누구 Who are you? – 너 누구야? ➕ whose 대 누구의, 누구의 것
1670	**slow** [slou]	형 느린 동 늦추다 **슬로** 모션 – 느린 움직임
1671	**tomorrow** [təmɔ́:rou]	명 내일 See you tomorrow. – 내일 보자.
1672	**sweet** [swi:t]	형 달콤한, 향기로운 **스위트**콘(sweet corn) – 달콤한 옥수수
1673	**town** [taun]	명 도시, 마을 다운**타운** – 도시 중심의 상업지대
1674	**tower** [táuər]	명 탑 서울(남산) **타워**
1675	**towel** [táuəl]	명 타월, 수건 목욕 **타월**
1676	**step** [step]	명 스텝, 걸음, 단계 동 발을 내딛다 백**스텝** – 뒷걸음
1677	**high** [hai]	형 높은 **하이**스쿨 – 고등학교 ➕ height 명 높이, 키

1678	**do** [du]	동 하다
		You do it. – 너는 그것을 하다.
		함께 익혀요 indeed 부 참으로, 진실로

| 1679 | **hobby** [hábi] | 명 취미 |
| | | 하키(hockey)가 **취미**(hobby)인가요? |

| 1680 | **help** [help] | 동 돕다 명 도움 |
| | | Help me. – 도와주세요. |

| 1681 | **story** [stɔ́:ri] | 명 이야기, 층 |
| | | 러브 **스토리** – 사랑 이야기 |

1682	**hand** [hænd]	명 손, 솜씨 동 ~을 건네주다
		핸드폰 – 손으로 들고 다니는 전화
		(올바른 영어 표현은 cellphone 또는 mobile phone)

| 1683 | **handsome** [hǽnsəm] | 형 멋진 |
| | | **핸섬** 보이 – 멋진 소년 |

1684	**hungry** [hʌ́ŋgri]	형 배고픈
		헝그리 정신 – 배고픈 상태에서 뭔가를 열심히 하려는 자세
		➕ hunger 명 굶주림

| 1685 | **idea** [aidí:ə] | 명 생각, 아이디어 |
| | | 좋은 **아이디어**가 있어. – 좋은 생각이 있어. |

| 1686 | **number** [nʌ́mbər] | 명 수 |
| | | 럭키 **넘버** 세븐 – 행운의 숫자 7 |

| 1687 | **island** [áilənd] | 명 섬 |
| | | 제주 **아일랜드** – 제주도, (미국 뉴욕) 롱 아일랜드 – 긴 모양의 섬 |

| 1688 | **jump** [dʒʌmp] | 동 뛰어오르다 |
| | | (농구) **점프** 볼 – 점프해서 공을 잡는 것 |

| 1689 | **jungle** [dʒʌ́ŋgl] | 명 밀림, 정글 |
| | | **정글** 탐험, 정글 여행 |

1690	**kangaroo** [kæŋɡərú:]	명 캥거루 호주에는 **캥거루**가 유명하죠.
1691	**cat** [kæt]	명 고양이 사바나 **캣**은 세상에서 가장 큰 고양이예요.
1692	**kid** [kid]	명 아이 동 놀리다 **키즈** 카페 – 아이들(kids)을 위한 놀이방
1693	**knife** [naif]	명 칼, 나이프 포크 & **나이프**
1694	**blue** [blu:]	명 청색 형 푸른, 우울한 **블루**진 – 청색 진바지(청바지) (경제 용어) 블루오션 – 푸른 바다와 같이 아직 경쟁이 심하지 않은 새로운 사업 분야
1695	**worry** [wɔ́:ri]	동 걱정하다 돈 **워리** 비 해피(Don't worry. Be happy.) – 걱정하지 말고 행복하세요.
1696	**rope** [roup]	명 로프, 밧줄, 끈 점프 **로프**(jump rope) – 줄넘기
1697	**mix** [miks]	동 섞다, 혼합하다 명 혼합 커피 **믹스** – 커피를 섞은 혼합 음료 (참고로 음식물을 섞어서 갈아주는 기계는 '믹서'가 아니라 블렌더(blender) 라고 해요.) ⊕ mixture 명 혼합물
1698	**gold** [gould]	명 금 **골드**메달 – 금메달 ⊕ golden 형 황금의, 절호의, 골든 → 골든타임 – 황금의 시간대
1699	**neck** [nek]	명 목 목에 매는 넥타이 함께 익혀요 tie 명 넥타이(= necktie); 무승부 동 매다 tidy 형 단정한, 정돈된 동 정돈하다 – 넥타이(tie)를 매면 단정해(tidy) 보이겠죠?)

1700	**pants** [pænts]	명 바지 핫**팬츠** – 짧은 바지
1701	**picnic** [píknik]	명 소풍, 피크닉 **피크닉** 가다 – 소풍 가다
1702	**ticket** [tíkit]	명 표, 승차권, 입장권 비행기 **티켓**
1703	**power** [páuər]	명 힘, 지배력 **파워** 넘치는 사람 함께 익혀요 muscle 명 근육, 힘 – 힘든 일을 많이 하는 머슴에게 발달한 머슬 (muscle, 근육)
1704	**powder** [páudər]	명 가루, 분말 동 가루로 만들다 베이킹**파우더** – 빵을 구울 때에 부풀게 하기 위하여 넣는 가루
1705	**on** [ən]	전 ~위에, ~에 관하여 골프 – **온**그린(공이 골프장 그린 위에 올라오는 것) 함께 익혀요 at 전 ~에, ~으로, ~에서
1706	**off** [ɔːf]	전 ~에서 떨어져서, ~을 벗어나서 (축구) **오프**사이드(offside), 오프라인(offline) 함께 익혀요 of 전 ~의, ~에 관한
1707	**queen** [kwiːn]	명 여왕 **퀸** 엘리자베스 – 엘리자베스 여왕
1708	**rock** [rak]	명 바위, 피난처 동 흔들리다 **록**음악 – 바위가 굴러가듯이 요란한 음악 미국 로키산맥(Rocky Mountains)에 있는 큰 바위 얼굴
1709	**rose** [rouz]	명 장미 **로즈** 가든 – 장미 정원
1710	**school** [skuːl]	명 학교, 교실, 수업 동 훈련시키다 **스쿨**버스 – 통학 버스, 미들 스쿨 – 중학교 ➕ scholar 명 학자

1711	**pretty** [príti]	형 귀여운, 예쁜 │부│ 꽤, 상당히 귀여운 프리티 걸이 자라서 예쁜 **프리티** 우먼이 되었어요.
1712	**shirt** [ʃəːrt]	명 와이셔츠, 셔츠, 속옷 멋진 와이**셔츠**, 티셔츠
1713	**short** [ʃɔːrt]	형 짧은, 키가 작은, 불충분한 (스포츠) **쇼트**트랙(Short-Track) – 짧은 링크를 돌면서 경쟁하는 스케이트 경기
1714	**shoulder** [ʃóuldər]	명 어깨 **숄더**백 – 어깨에 메는 가방
1715	**silk** [silk]	명 실크, 비단 **실크**로드 – 비단길
1716	**silver** [sílvər]	명 은 형 은색의 **실버**메달 – 은메달
1717	**with** [wəð, wəθ]	전 함께 여럿이 같이 있어야 '함께'가 가능하겠죠? – with는 we(우리)와 관련된 단어로 '~와 함께(with)'를 뜻하지요. ➕ **within** 전 ~이내에, ~안에 – 함께(with) + 안(in) **without** 전 ~이 없다면, ~하지 않고, ~밖에
1718	**soap** [soup]	명 비누 미국 연속극은 **비누**(soap) 회사가 주 광고주였기 때문에 '소프 오페라'라고 했대요.
1719	**soft** [sɔːft]	형 부드러운, 유연한 **소프트** 아이스크림
1720	**steak** [steik]	명 스테이크, 비프스테이크 **스테이크** 소스
1721	**while** [hwail]	접 ~동안에, ~인 데 반하여 While I sleep – 내가 잠자는 동안에

1722	**window** [wíndou]	명 창문 MS **윈도**(Windows) – 컴퓨터로 들어가는 창문(컴퓨터 운영 체계) 쇼윈도 – 진열창
1723	**wing** [wiŋ]	명 날개 매콤한 닭 날개 튀김을 핫**윙**이라고 하죠.
1724	**right** [rait]	명 오른쪽, 권리 형 올바른 부 바로 (권투) **라이트** 훅 – 오른쪽 훅
1725	**wool** [wul]	명 털, 모직 **울** 세제 – 모직 의류를 위한 세제
1726	**pocket** [pάkit]	명 호주머니 **포켓**몬스터 – 주머니 속의 괴물
1727	**gun** [gʌn]	명 권총 스피드**건**(속도 측정기)은 권총 모양으로 생겼지요.
1728	**time** [taim]	명 시간, ~배 **타임** 테이블 – 시간표
1729	**drive** [draiv]	동 몰다, 운전하다(-drove-driven) 명 드라이브, 추진력 주말 **드라이브** ➕ **driver** 명 운전사

● Index

Index

Index

Q

R

Index